KB200685

하나님 앞에서 사는
부부 제자도

부부 제자도

지은이 | 프랜시스 챈 · 리사 챈
옮긴이 | 이나경
초판 발행 | 2016. 5. 16
13쇄 발행 | 2025. 3. 14
등록번호 | 제1988-000080호
등록된 곳 | 서울특별시 용산구 서빙고로65길 38
발행처 | 사단법인 두란노서원
영업부 | 02)2078-3333 FAX | 080-749-3705
출판부 | 02)2078-3330

책값은 뒤표지에 있습니다.
ISBN 978-89-531-2499-8 03230

독자의 의견을 기다립니다.
tpress@duranno.com www.duranno.com

두란노서원은 바울 사도가 3차 전도 여행 때 에베소에서 성령 받은 제자들을 따로 세워 하나님의 말씀으로 양육
하던 장소입니다. 사도행전 19장 8-20절의 정신에 따라 첫째 목회자를 돕는 사역과 평신도를 훈련시키는 사역,
둘째 세계선교™와 문서선교 단행본·잡지 사역, 셋째 예수문화 및 경배와 찬양 사역, 그리고 가정·상담 사역 등을
감당하고 있습니다. 1980년 12월 22일에 창립된 두란노서원은 주님 오실 때까지 이 사역들을 계속할 것입니다.

하나님 앞에서 사는
부부 제자도

프랜시스 챈 · 리사 챈 지음

이나경 옮김

두란노

하나님이 우리에게 허락하신 최고의 아이들
레이첼, 델릴, 멀시, 엘리아나, 이지키얼, 클레어, 사일러스에게.

우리와 영원히 같이 계시는 주님께 감사드리며.

차 례

들어가는 말 영원에 집중하니, '지금, 여기'를 누리게 되었다 • 10

PART 1

'서로'를 바라보는 부부에서

1
'하나님의 영광'에 비춰 본 결혼
결혼, 중요하지만
가장 중요한 것은 아니다
• 24

2
'복음'에 비춰 본 결혼
내 결혼생활은
예수 복음을 설명하고 있는가
• 56

'같은 곳'을 바라보는 부부로

3

'본 되신 그리스도'께 비춰 본 결혼

부부싸움에서 이길 것인가,
예수를 닮을 것인가

• 90

PART 2

한 팀으로 예수님을 닮아 가는

4

'사명'에 비춰 본 결혼

번듯한 가정을 꾸리느라
사명을 묻어 두었는가

• 136

5

'하나님의 약속'에 비춰 본 결혼

'영원'에 뿌리박은
결혼생활을 시작하라

• 186

부부 제자도

6
'하나님의 영광'을 위한 자녀양육
하나님이 맡기신 보석,
제빛을 내게 하라
• 216

나오는 말 결혼 그 이상의 결혼을 꿈꾸라 • 264
감사의 말 • 277

영원에 집중하니, '지금, 여기'를 누리게 되었다

나는 아내 리사를 사랑한다. 내가 아내보다 더 사랑하는 사람은 이 땅에 없다. 우리는 미칠 듯이 서로 사랑해 1994년 결혼했다. 어느덧 20년이 흘렀고, 일곱 명의 아이들이 자라고 있다. 여전히 아내는 내 곁을 든든하게 지키고 있다. 언제나 나를 사랑하고 격려하면서 정신이 번쩍 들게 만드는 최고의 친구다. 아내가 함께한 덕분에, 내 인생은 경이로움으로 가득 찼다. 더군다나 우리 부부의 가장 빛나는 시절은 아직 오지도 않았다. 진심으로 하는 말이다.

지금 나는 우리 가족의 미래를 확실하게 해두려고 작업하는 중이다. 이런 말은 대개 인생의 마지막 후반부를 여유 있게 보낼 안정적인 노후자금을 얘기하는 것처럼 들릴 수도 있다. 영원히 천년만년 살 것을 준비하는 것처럼 보여서 비난을 퍼붓는 이들도 있을 것이다. 내가 보기엔 그들이야말로 인생 후반부를 어떻게 보낼지 촉각이 곤두서 있는 것처럼 보이는데 말이다.

리사가 얼굴과 얼굴을 맞대고 하나님을 뵙는 그날이 어떨까 가끔 상상했다. 성경은 이것이 장차 있을 일이라고 분명히 말한다. 어느 날, 아내는 만물의 창조주이자 심판자이신 그분 앞에 설 것이다. 얼마나 어마어마한 일인가! 그날을 준비하는 데 인생을 투자하라고 성경이 그렇게 경고하는데도 불구하고, 충격에 빠질 그날을 준비하는 사람은 흔히 보기 어렵다.

하나님의 인정을 얻기 위해 노력하자는 말이 아니다. 그런 건 이단이나 하는 짓이다. 예수 그리스도가 십자가에서 하신 일을 믿는다면 하나님의 존전에서 환영받는다(요 3:16; 엡 2:1-9; 고후 5:21 참조). 우리 운명의 미래는 순전히 그분에게 달려 있다. 선한 행위로는 천국의 한 뼘도 얻을 수 없다. 천국을 가지려면 오직 예수님을 믿는, 살아 움직이는 믿음이 있어야 한다고 성경은 단언한다.

그리스도를 따르는 사람들이라면 그날을 정말 간절히 고대해야 할 것이다(벧후 3:11-12 참조). 그럼에도 불구하고 성경은 그날까지 더욱 준비하며 '구원을 이루라'라고 말한다(빌 2:12-13 참조).

　　내가 지독히도 사랑하는 아내가 정말 좋은 인생을 살았으면 좋겠다. 나아가 아내가 영원한 삶을 누렸으면 좋겠다. 아내가 자기 인생을 돌아봤을 때 한 점 후회도 없었으면 좋겠다. 하나님 나라를 위해 준비하며 보냈던 이 땅에서의 시간을 만족스럽게 바라볼 수 있었으면. 그래서 무엇보다 하나님께 이런 칭찬을 들었으면 좋겠다. "잘했다, 착하고 신실한 종아! 네가 적은 일에 신실하였으니, 이제 내가 많은 일을 네게 맡기겠다. 와서, 주인과 함께 기쁨을 누려라"(마 25:23).

　　기쁨에 들떠서 받았던 어마어마한 상과 상급, 칭찬과 업적을 한번 생각해 보라. 그것을 한꺼번에 받는다고 상상해 보라. 그 다음엔 이 질문에 답을 해 보라. '영원한 그 나라에 입성한 그 순간, 주님이 그 모든 것을 한꺼번에 주신다면 그보다 기쁜 일이 있을까?'

　　우리 부부가 '영원'에 집중하며 살기로 작정했을 때 희한한 일이 벌어졌다. 오히려 '지금, 여기!'를 마음껏 누리게 된 것이다! 사람들은 결혼생활과 배우자에게 집중하라고 끈질기게 조언한다. 하지만 우리는 결혼생활을 놀라운 것으로 만들라는 하나님의 명령에 집중했다. 그럼으로써 예수님을 더 깊이 체험했다. 이보다 더 좋을 수 없을 만큼.

　　영원을 바라보는 부부는, 바보 같은 말다툼 따위는 신경 쓰지도 않는다. 싸울 시간조차 없다. 서로 다른 관심사와는 비교도 할 수 없는 탁월한 가치를 추구해야 한다. 문어발식 관심사는 부부 관계를 위태로운 지경에 몰아넣을 뿐이다. 하나님은 단 하나의 목적을 위해 우리를 창조하셨다. 어떻게 인생을 낭비할 수 있는가. 저마다의 행복을 추구하느라 결혼생활을 그냥 흘려보낸다는 건 말도 안 된다.

16년 동안 같은 회중을 목회하면서, 많은 부부가 예수 그리스도께 헌신하겠다는 끝내주는 결정을 내리는 걸 보면서 무한히 기뻤다. 비전을 세우고 축복 받는 그들을 보며 흥분을 감추지 못했다. 이 경건한 부부들과 함께 주님을 기뻐한 흐뭇한 기억이 넘쳐난다.

그런가 하면 지상에서 이뤄야 할 하나님의 명령을 소홀히 하면서 자기만의 행복을 추구하는 부부들을 볼 때는 너무나 슬펐다. 성경대로 살고 싶어도 배우자가 그걸 원하지 않아서 좌절하는 수많은 부부를 만나 상담했다. 결혼을 만드신 하나님의 계획과 축복을 놓친 채 살아가는 이들로 인해 얼마나 고민했는지 모른다. 그때 느낀 안타까운 마음에 우리 부부는 이 책을 쓰게 되었다.

또한 서로에게 상처 주며 싸우는 부부 때문에 속이 상했다. 정말 마음이 찢어지는 것처럼 아팠다. 특히 하나님나라에 미치는 영향력을 생각하면, 더더욱 마음이 가라앉았다. 경건한 결혼은 하나님이 지으신 독특한 창조적 산물임에도 불구하고 하나님의 영광을 드러내는 결혼은 거의 볼 수 없다는 사실이 속상하다. '그리스도인'임을 자처하는 부부들이 실제로 사는 모습은 한없이 이기적이어서 그 꼴을 보고 사탄이 승리의 개가를 부르는 게 한탄스럽다. 왕 되신 그분 앞에 순종하는 것이 아닌 이혼을 선택하는 부부들이 너무 많아 당혹스럽기 그지없다. 결혼의 자화상 중 가장 슬픈 모습은, '그리스도의 신부'를 추잡하고 정떨어지는 모습으로 전락시킨 것이다. 이런 모습이 변화되기를 바라는 간절함으로 이 책을 쓴다.

최근에 결혼하는 게 두렵다는 싱글들을 참 많이 만났다. 그리스도를 열렬히 따랐던 친구의 결혼을 가까이에서 지켜본 이들이었다. 지켜본 결과는 둘 중 하나였다. 가정이 주는 즐거움에 푹 빠져 거기에 너무 집착하거나, 아니면 밑도 끝도 없이 부부싸움과 상담을 다람쥐 쳇바퀴 돌 듯 반복했다.

결혼이라는 것이 꼭 그렇지만은 않다는 걸 이 책을 통해 말하고 싶다. 혼자 사는 것보다는 둘이 함께하는 게 훨씬 좋다. 참으로 건강한 부부 관계라면 혼자 힘이 아닌, 두 사람이 서로 힘을 모아 이루는 성취가 더 크다. 그렇게 하는 것이 결혼에 대한 하나님의 계획이다.

우리 부부가 함께 이 책을 쓸 수 있도록 허락하신 하나님께 감사드린다. 우리 두 사람이 함께 하나님을 자랑하게 되어 영광스럽다. 결혼이라는 제도를 만드신 것은 정말 엄청나게 획기적인 아이디어다. 결혼이 얼마나 아름다운 것인지 강력한 빛으로 보여 줄 수 있기를 기도한다.

한 가지는 경고하고 싶다. 예수 그리스도를 중심에 둔, 영원에 뿌리박은 결혼이 '흥미진진함으로 가득 찬' 결혼과 같은 건 아니다. 아내와 나는 함께 있어서 정말 행복했지만, 우리가 내린 몇 가지 결정은 바른 결정임에도 불구하고 뼈아픈 것이었다. 그리스도는 풍성한 삶을 약속하셨지만(요 10:10 참조), 그렇다고 해서 그 말이 '흥미진진하다'와 언제나 동의어는 아니다.

지금 여기서 나누는 진리를 실천하노라면 힘들 게 뻔하다. 하나님의 영광을 위해 내리는 치열한 결정이기에 고통이 따르는 건 지당한 일이다. 여기서 고통이란, 믿음을 가진 이들이 타락한 이 세상에서 버티며 인내하는 것을 의미한다. 우리를 더욱 단단하고 거룩하게 만들며 부부의 관계뿐만이 아니라 하나님과의 관계에서 더 깊은 사랑으로 이끄는 것이 바로 그 고통이다. 하나님 나라를 위해 인내하는 모든 고난은 우리에게 훗날 영광으로 바뀔 것이라는 사실을 끊임없이 기억해야 한다.

결혼해서 행복하게 사는 법을 이야기하는 책들이 허다하다. 그러나 이 책은 거기서 열외다. 나는 그렇게 쓸 생각이 전혀 없다. 솔직히 우리 부부가 오랫동안 그런 책에서 유용한 원리를 배운 건 사실이다. 그런데 문제는 그런 책들이 행복한 가정을 꾸리는 게 기독교의 목표라고 생각하게 만든다는 것이다. 또 하나님의 영광이라든지 거룩한 소명처럼 으뜸으로 꼽아야 할 덕목들을 부차적인 요소인 양 취급한다. 궁극적인 행복은 지금 당장 행복한 것이라고 떠들어댄다. 까놓고 말해서 그런 책들은 지금 이 세상에서 행복한 결혼생활만을 좇다가는 영원한 세상에서 불쌍한 신세가 될 수 있다는 사실은 책임지지 않는다. 그러나 이 책은 '영원히' 서로 사랑하는 문제를 다루고 있다.

나는 아내를 사랑한다. 결혼을 사랑하고, 사랑을 사랑한다. 사랑은 예수님의 탁월함을 집약한 것이다. 예수님은 만물의 창조주가 아닌가. 추측건대 당신은 사랑에 빠져 있거나, 그러고 싶어서 이 책을 읽고 있을 것이다. 부디 성령이 당신을 '지금'과 '영원히' 예수 그리스도를 보다 또렷하게 보여 주는 사랑, 그 영원한 사랑으로 이끄시기를 기도한다.

하나님 아버지, 우리가 지혜롭게 사랑할 수 있도록 도와주소서.

이 책을 먹고, 먹은 만큼 움직이라

우리 부부는 이 책이 정말로 결혼생활, 가능하다면 영원에 대한 생각까지 변화시키기를 기대한다. 유익한 정보로 가득 찬

내로라하는 책은 죄다 읽어 봤지만 삶을 변화시키지는 못했다. 손만 뻗으면 무슨 정보든 얻을 수 있는 요즘은 특히 더 그렇다. 이미 알게 된 것을 생각하거나 미처 적용할 시간도 없이 우리 뇌에는 엄청난 양의 정보가 유입되고 있다. 그런 배경을 알기에 이 책에서는 읽고, 생각하고, 실천할 기회를 가져 보려고 한다. 하나님에 대해 배우는 게 아닌, 하나님을 깊이 체험하기를 원한다.

아내 리사와 더불어 작업하긴 했어도 이 책은 대부분 내가 썼다. 하지만 각 장의 일정 부분은 아내가 작업했다. 책 외에 몇 가지 비디오 작업도 같이 했다. 우리 두 사람 모두 글쓰는 것보다는 말하는 게 더 편했기 때문에, 글로 절대 소화해 낼 수 없는 생각은 재미있으면서도 독보적인 영상에 담았다. 바라건대, 영상을 통해 우리 가족을 보면서 느끼는 것뿐만 아니라 우리가 말하려는 내용도 함께 배웠으면 좋겠다.

이 책은 앱으로도 읽을 수 있으며, 영상에는 이 내용이 모두 포함되어 있다. www.youandmeforever.org에서 영상물 안내를 확인할 수 있다.

다음 장을 읽으면 알겠지만 각 장의 결론은 '실천하라'는 일관된 부르심이다. 실천은 절대 중요하다. 배운 것을 실천에 옮기지 못한다면, 이 책은 유익을 끼친 게 아니라, 해를 입힌 것과 같다.

내가 와서 그들에게 말해 주지 아니하였더라면, 그들에게는 죄가 없었을 것이다. 그러나 이제는 그들이 자기 죄를 변명할 길이 없다(요 15:22).

그리스도인들은 확신에 찬 어조로 말하는 데는 타의 추종을 불허하지만, 행동하는 데는 언제나 꼴찌다. 그러나 초기 기독교인들은 아무 망설임 없이 즉각 행동에 옮겼다. 사도행전 2장의 오순절 성령 사건에서 베드로의 설교를 들은 사람들이 곧바로 이렇게 말했던 것을 기억해 보라. "형제들이여, 우리가 어떻게 하면 좋겠습니까?"(37절) 그러자 베드로는 답한다. "여러분 각 사람은 예수 그리스도의 이름으로 세례를 받고, 죄 용서를 받으십시오"(38절). 그들은 어떻게 반응했던가? 3천 명이나 되는 사람들이 즉시 세례를 받았다. 이와 같은 즉각적인 반응이 나와야 한다. 설교를 듣고 확신이 들면 이렇게 질문해야 한다. '방금 들은 진리의 말씀을 따르기 위해 어떻게 해야 할까?'

핵심 실천 요령을 제안하기는 했지만, 하나님이 당신을 부르신 데에 어떻게 반응해야 할지 딱 꼬집어 말하기는 어렵다. 해야 할 바를 정확히 알고 싶겠지만, 우리가 해 줄 수 있는 답은 이것이 최선이다. '실천!' 당신이 가야 할 다음 행보를 알 수는 없지만 하나만은 확실하다. 그냥 가만히 있는 게 최악이다.

말씀을 행하는 사람이 되십시오. 그저 듣기만 하여 자신을
속이는 사람이 되지 마십시오(약 1:22).

　　최근 이 세상에서 가장 뚱뚱한 사람들, 몸무게가 450킬로
그램 이상 나가는 사람들, 죽을 때까지 먹기만 하는 사람에 대한
기사를 읽었다. 한 가지 확실한 건, 그들은 모두 걷지 못한다는
것이다. 그들은 하나같이 침대에 누워 다른 사람이 먹여 주는 것
만 먹었다. 더는 제 힘으로 먹을 수 없기 때문이다.

　　그걸 보면서 교회에서 흔히 만날 수 있는 이들이 떠올랐다.
매주 아주 많은 지식을 섭취하고, 예배에 참석하고, 소그룹 성경
공부를 하고, 경건서적을 읽으며, 기독교 방송을 듣는다. 그러면
서도 무언가 부족하다는 생각에 지식이 더 필요하다고 철석같이
믿는다. 하지만 정작 가장 필요한 것은 배운 지식을 실천하는 것
이다. 이것이야말로 거부할 수 없는 진리다. 말의 향연은 필요하
지 않다. 행동만이 필요하다. 먹은 만큼 움직여야 한다.

　　실천할 수 있는 것인지 생각해 보지도 않고 그저 말씀을 받
아먹기만 하는 게 습관이 된 사람도 있다. 이들은 영적으로 피둥
피둥 살찐 채 침대에 누워 있는 사람과 다를 바 없다. 다른 사람을
예수님의 제자로 변화시킨다거나 살뜰하게 보살피는 일은 하지
않은 채 그저 지적인 허영을 채우는 데만 인생의 시간을 바치는 일
은 당장 그만둬야 한다. 그런 이들에게 야고보는 일침을 가했다.

나의 형제자매 여러분, 누가 믿음이 있다고 말하면서도
행함이 없으면, 무슨 소용이 있겠습니까? 그런 믿음이 그를
구원할 수 있겠습니까?(약 2:14)

실패가 두려워 꼼짝 안 하는 사람도 있다. 너무 두려운 나머지 아무것도 하지 않고 그냥 가만히 있는 최악의 선택을 한다. 하지만 아무 일도 하지 않으려는 나태한 습성을 가진 우리는 실천하다가 실수할지언정 행동하는 법을 배워야 한다. 이렇게 저렇게 하라는 하나님의 구체적인 음성을 듣지 못했다는 이유로 아무 일도 하지 않는 이들이 꽤 많다.

그저 잠자코 기다려 보라는 하나님의 음성을 들을 때까지 일단 실천부터 하는 건 어떤가? 예를 들어 보자. 입양하지 말라는 하나님의 음성을 듣지 못했다면, 먼저 아이를 입양하는 건 어떤가? 참된 경건함은 고아와 과부를 돌보는 것이라고 하나님이 말씀하셨으니 그렇게 하는 것은 너무도 당연히 성경적인 일 아닌가?(약 1:27 참조)

다른 종들처럼 주인이 맡긴 돈을 투자하기보다 그냥 땅에 묻어 둔 종은 투자 실패를 추궁당하는 곤란한 지경에 처했다. 게다가 비겁한 변명을 늘어놓는 바람에 맹비난을 받는다. 주인은 그를 악하고 게으르고 무익한 종이라고 불렀다(마 25:24-30 참조). 일을 망치게 될까 봐 겁이 나서 아예 아무것도 하지 않는 종이

되고 싶은 사람은 없을 것이다. 잘못된 가르침을 행동에 옮기다 실수를 저질러도 괜찮다. 가장 최악은 아무것도 하지 않는 실수를 범하는 것이기 때문이다.

우리 부부 역시 너무 성급하게 행동하는 바람에 실수한 적이 있다. 아이가 셋이나 되는데 넷째까지 임신한 어느 노숙인 여성을 만났다. 우리는 함께 살기로 하고 당장 그들 가족을 데려왔다. 그녀의 아이들은, 우리 아이들이 힘들어하며 눈물을 뚝뚝 흘릴 만큼 통제 불능이었다. 우리 집은 아수라장이 되었고, 그들은 우리와 같이 지내는 동안 아무것도 배우지 못한 듯 보였다. 게다가 그녀를 사랑하는 남편이 같이 살자고 했는데도 싫다고 거절한 채 노숙생활을 전전하고 있다는 사실을 나중에 알았다.

실수가 분명했지만, 그렇게 한 것을 후회하지는 않는다. 어차피 인생에는 성공과 실패가 함께 있는 법이니까. 아무것도 하지 않은 채 '안전하게' 있는 것보다는 실수하는 편이 훨씬 낫다. 당연히 해야 할 일을 하지 않으면 실수는 열 배로 늘어난다. 그러므로 오늘 당장 무슨 일이든 하라. 행동에는 실수가 따른다는 것을 각오하라.

일러두기 이 책에 실린 성경 말씀은 별도 표기가 없는 한 《성경전서 새번역》(대한성서공회 역간)을 기본으로 사용했습니다.

You and Me Forever

PART 1.

서로를 바라보는 부부에서
같은 곳을 바라보는 부부로

1

결혼, 중요하지만
가장 중요한 것은 아니다

하나님에 대해 정확한 그림을 갖는 것은
건강한 결혼생활에 꼭 필요하다.

지금 이 책을 읽는 당신을 누군가 지켜보고 있다고 상상해
보라. 당신에게 인생을 주신 하나님이 당신의 모든 움직임을 보
고, 말하는 모든 말을 듣고, 모든 생각을 알고 계신다. 분명 좋은
일이다. 하나님이 당신을 관찰하신다는 것. 여기 주목하라! "그
분이 날 아신다."

하나님이 말씀하시자 세상은 비로소 존재했다. 하나님이
말씀하시자, 세상은 홍수로 사라졌다. 언젠가 그날, 하나님은 모
든 사람을 심판하시면서 중대한 한 말씀을 하실 것이다. 그분이
지금도 당신을 알고 계시는 바로 그 하나님이다.

이 책이 결혼을 다룬 책이라고 생각했겠지만 잠시 사람의
문제는 접어 두자. 어마어마한 존재, 하나님께 집중해 보자. 더
중대한 문제, 즉 하나님과의 관계에 초점을 맞추자. 이 관계는

결혼과는 비교할 수 없을 정도로 중요하다. 하나님과의 관계는 두말할 것도 없이 영원하다.

충격적으로 들릴지 모르겠지만, 주님은 이 땅의 결혼 관계가 하늘나라까지 이어지지 않는다고 가르치셨다. 마태복음 22장에는 재혼을 계속하는 가상의 과부에 대한 질문에 예수님이 답하신 내용이 나온다. 당시의 종교 지도자들은 천국에서 이 여인은 누구의 아내가 되느냐고 예수님께 물었다. 예수님의 답변을 보자.

> 부활 때에는 사람들은 장가도 가지 않고, 시집도 가지 않고,
> 하늘에 있는 천사들과 같다(마 22:30).

예수님의 대답을 받아들일 수 없는 이들도 있을 것이다(당신도 이 대답을 탐탁지 않게 여기는 사람이기를 바란다). 내 경우만 보더라도, 리사와 내가 더는 결혼 관계에 있지 않은 그날을 상상하는 게 어렵다. 하지만 두 가지 생각 덕에 마음이 놓인다. 먼저, 이 말은, 리사와 내가 하늘나라에서 더 이상 깊이 사랑하지 않을 것이라는 의미는 아니다. 추측건대, 죄 없는 영광의 몸을 입었을 때 나는 리사와 가까이 있을 것이다. 지금보다 더 좋은 곳이 천국이라면 틀림없이 아내와의 관계도 더 좋을 것이다. 둘째, 하나님과의 연합 면에서는 지금 여기서 경험하는 친밀함을 훨씬 뛰

어넘는 하나 됨이 있을 것이다. 하나님은 우리에게 더 나은 미래를 약속하며 결혼이라는 제도를 만드신 분이 아닌가.

그리스도인에게는 창조주 되신 하나님과의 영원한 관계가 무엇보다 가장 높은 우선순위를 가진다. 뿐만 아니라 하나님과 온전한 관계에 있지 못하다면 다른 누구를 보살필 수도 없다. 제 몸 하나도 건사하지 못하는 사람이 누군가와 함께 지낸다면 문제가 꼬이고 어려워지는 건 어쩌면 당연한 결과다.

남편과 아내가 하나님과 바른 관계에 있어야 두 사람은 서로 제대로 설 수 있다. 20년 이상의 목회 경험을 통해 대부분의 결혼 문제가 단지 결혼에 국한된 문제는 아니라는 결론을 얻었다. 결혼 문제가 있는 이들에게는 항상 하나님과의 관계에서 문제가 있었다. 그들이 안고 있는 문제를 추적해 보면, 한쪽 또는 양쪽 모두가 하나님과의 관계가 빈약하거나 하나님을 잘못 이해하고 있었다. 건강한 결혼에서 하나님에 대해 정확한 그림을 갖는 것은 필수 사항이다. 아니, 그것은 모든 면에서 필수다.

A. W. 토저는 《하나님을 바로 알자》(The Knowledge of the Holy, 생명의말씀사 역간)에서 이렇게 적고 있다. "우리 모두가 지금 직면한 골치 아픈 문제들은 하나님과 관련된 절대적으로 중요한 문제에 비하면 아무것도 아니다. 하나님의 존재, 하나님의 형상, 도덕적 존재로서 우리가 하나님에 대해 갖춰야 하는 여러 문제야말로 우리에게 매우 중대한 문제들이다."

그렇다, 이 1장은 결혼이 아닌 하나님에 대한 문제를 다루고 있다. 얼른 여기를 건너뛰고 이 책의 '본론'으로 직행하고 싶은 마음이 들지도 모르겠다. 자신과 하나님의 관계는 문제없으니 어서 부부 문제를 진단받고 싶은 마음이 들 것이다. 하지만 미련하게 굴지 마라. 하나님과의 관계가 정상이라고 섣불리 가정하지 마라. 하나님과의 관계에서 이 정도면 괜찮다는 건 애초에 없다.

내가 만나 본 거의 모든 사람이 자신은 하나님만 바라보고 있다고 철석같이 믿고 있었다. 참석했던 장례식마다 망자가 지금은 '더 좋은 곳에' 있다는 찬사가 선포되었다. 정말 그렇다면 예수님은 왜 좁은 문과 힘든 길을 언급하셨던 것인가?

> 좁은 문으로 들어가거라. 멸망으로 이끄는 문은 넓고, 그 길이 널찍하여서, 그리로 들어가는 사람이 많다. 생명으로 이끄는 문은 너무나도 좁고, 그 길이 비좁아서, 그것을 찾는 사람이 적다(마 7:13-14).

예수님은 딱 부러지게 말씀하신다. 모든 사람이 영원한 생명으로 들어가는 건 아니다. 그것을 찾는 사람은 거의 없다.

시들어 빠진 결혼생활의 증상 진단으로 건너뛰기 전에, 먼저 좀 더 핵심 문제에 집중해 보자. 결혼을 행복하게, 또는 끔찍하게 만들 수 있는 문제이기 때문에 이것이 결혼 문제의 핵심인 것만은 틀림없다. 성경이 말하는 것에서 시작해 보자.

> 주님을 경외하는 것이 지혜의 근본이다. 주님의 계명을 지키는 사람은 바른 깨달음을 얻으니, 영원토록 주님을 찬양할 일이다(시 111:10).

> 주님을 경외하는 것이 지식의 근본이어늘, 어리석은 사람은 지혜와 훈계를 멸시한다(잠 1:7).

> 주님을 경외하며 살면 생명을 얻는다. 그는 만족스러운 생활을 하며, 재앙을 만나지 않는다(잠 19:23).

하나님을 직접 뵙는 날이 온다

결혼 문제를 다룬다는 이 책에서 '하나님', '경외' 이런 단어들을 마주하게 될 거라는 건 예상하지 못했을 것이다. 하지만 결혼에서 이것을 능가하는 토대는 없다. 하나님을 전심으로 경외하지 않는다면, 인생과 사랑을 충분히 누리는 것은 불가능하다. 하나님에 대한 경외가 없다면, 우리의 우선순위는 엉망진창이 되고 만다. 그러나 하나님을 온전히 두려워하며 사는 사람이라면 그 경외감 위에 아름다운 인생과 결혼을 세워 갈 수 있다.

> 주님은 오직 당신을 경외하는 사람과 당신의 한결 같은 사랑을 기다리는 사람을 좋아하신다(시 147:11).

> 몸은 죽일지라도 영혼은 죽이지 못하는 이를 두려워하지 말고, 영혼도 몸도 둘 다 지옥에 던져서 멸망시킬 수 있는 분을 두려워하여라(마 10:28).

하나님을 보게 된다는 것이 얼마나 무시무시한 일인지 사람들은 제대로 인지하지 못하고 있다. 단도직입적으로 말한다면 그것은 인생 최고의 가장 충격적인 순간일 것이다. 심지어 우리가 모르는 사이에 언제라도 하나님의 얼굴을 대면할 수 있다는 사실을 결코 무시해서는 안 된다. 하나님을 직접 뵐 때 어떤 기분이 들까? 가족 생각은 나지도 않을 것이라고 장담한다.

어떤 기분이 들지 정확히 알 도리는 없지만, 성경에는 하나님을 언뜻 본 사람들이 보인 반응이 언급된 대목이 여럿 있다. 요한은 그분 발 앞에 엎어져서 죽은 사람처럼 되었다고 말했다(계 1:17 참조). 이사야는 입술이 부정한 자신의 죄를 고백하면서 자신에게 재앙이 닥칠 것이라고 선언했다(사 6:5 참조). 자신의 어리석은 꼬락서니를 즉시 인정한 이는 욥이었다.

> 주님이 어떤 분이시라는 것을, 지금까지는 제가 귀로만
> 들었습니다. 그러나 이제는 제가 제 눈으로 주님을 뵙습니다.
> 그러므로 저는 제 주장을 거두어들이고, 티끌과 잿더미 위에
> 앉아서 회개합니다(욥 42:5-6).

반응은 천차만별이지만, 그들은 하나같이 두려움과 경외감
을 느꼈다는 특징이 공통적으로 나타난다. 우리라고 그와 다를
것 같은가. 이것은 구약에만 국한된 이야기는 아니다. 이사야서
2장 17-19절을 요한계시록 6장 15-16절과 비교해 보라. 신약에
나오는 하나님이 좀 덜 무서운 분이 되었다는 증거는 어디에도
없다.

> 그날에, 인간의 거만이 꺾이고, 사람의 거드름은 풀이 죽을
> 것이다. 오직 주님만 홀로 높임을 받으시고, 우상들은 다
> 사라질 것이다. 그때에 사람들이, 땅을 뒤흔들며 일어나시는
> 주님의 그 두렵고 찬란한 영광 앞에서 피하여, 바위 동굴과
> 땅굴로 들어갈 것이다(사 2:17-19).

> 그러자 땅의 왕들과 고관들과 장군들과 부자들과 세도가들과

노예들과 자유인들이 동굴과 산의 바위들 틈에 숨어서, 산과 바위를 향하여 말하였습니다. '우리 위에 무너져 내려서, 보좌에 앉으신 분의 얼굴과 어린 양의 진노로부터 우리를 숨겨다오. 그들이 진노를 받을 큰 날이 이르렀다. 누가 이것을 버티어 낼 수 있겠느냐?'(계 6:15-17)

희한한 일이지만, 그 순간을 생각하는 사람을 거의 만나 본 적이 없다. 그런 일이 일어날 거라고 믿지 않는 건 아닐까? 다들 다가오는 휴가를 꿈꾸며 어떻게 신나게 보낼지 계획을 세운다. 재판 기일이 다가오면 얼마나 곤란한 일이 생길지 상상하며 걱정한다. 그런데 하나님을 처음 뵙는 그 순간은 왜 생각하지 않는 걸까?

하나님과 천군 천사에게 둘러싸인 채 한복판에 서 있는 그 순간을 종종 상상해 본다. 아내 리사가 하나님을 처음 뵙는 그 순간을 상상해 보는 이유이기도 하다. 아내를 사랑하니까 아내 역시 그 순간을 잘 준비하면 좋겠다.

'가까이 할 수 없는 빛 속에 계시는' 하나님을 뵙는 그 순간을 지금 사는 이곳에서 어떻게 준비할 수 있을까?(딤전 6:16 참조) 이런 질문들이 불편한 이들도 다수 있을 것이다. 감사하게도 성경은 그 목적을 잘 밝혀 두었다.

각자 하나님을 바라보는 습관

리사를 처음 만나 내 소개를 하면서 나는 엄청 긴장했다. 20년이 지난 지금, 그런 모습은 싹 사라졌지만. 지금은 리사만큼 같이 있어서 편한 사람은 없다. 한 사람의 존재와 함께한 시간이 이렇게 모든 것을 바꾼다. 관계는 모든 것을 달라지게 하는 힘이 있다.

요한계시록 4장은 하나님 앞에 있는 하늘의 천사들을 언급한다. "그들은 밤낮 쉬지 않고 '거룩하십니다, 거룩하십니다, 거룩하십니다, 전능하신 분, 주 하나님! 전에도 계셨으며, 지금도 계시며, 또 장차 오실 분이십니다!' 하고 외치고 있었습니다"(8절). 하나님을 바라보며 그분의 거룩하심을 선언하는 것이 그들이 하는 일의 전부다. 그들은 지금 이 순간에도 그 일을 계속하고 있다. 우리가 이 책을 덮고 잠자리에 들었다가 내일 아침 일어날 때까지도 그들은 그리하고 있을 것이다.

하나님의 존전에서 하나님의 위대하심을 선포하는 모든 순간이 그들에게 가장 가치 있는 시간이다. 그러므로 가능한 한 하루 중 최대한의 시간을 우리도 그들과 똑같은 일을 하면서 지내는 것은 타당한 일이 아닌가? 오늘 이미 그렇게 했는가? 하나님은 우리가 종일 그분을 예배하고 감사드리기를 원하신다(엡 5:18-20 참조). 하나님을 바라보지 않았다면, 우리는 헛된 것에 눈길을 두며 시간을 낭비한 것이다.

　　이것은 많은 부부가 흔히 저지르는 실수다. 자기 문제와 상대방을 쳐다보는 데만 신경을 쓰느라 그들은 하나님을 바라볼 시간이 도통 없다. 하나님 존전에서 보낼 영원한 시간이 아닌 이 땅에서의 시간에만 집중했다는 심각성을 직시한 이들은 자연스럽게 삶의 구석구석을 정비하기 시작한다. 그러나 반대로 하나님 앞을 아예 떠나 버리는 쪽을 선택하는 이들도 있다. 그러고선 마치 죽지 않을 사람처럼 살고, 예수님이 재림하시지 않을 것처럼 산다.

> 주님, 나에게 단 하나의 소원이 있습니다. 나는 오직 그
> 하나만 구하겠습니다. 그것은 한평생 주님의 집에 살면서
> 주님의 자비로우신 모습을 보는 것과, 성전에서 주님과
> 의논하면서 살아가는 것입니다(시 27:4).

　　다윗이 하나님께 구했던 오직 한 가지는 바로 그것이다. 그는 자신이 안고 있는 모든 문제의 해결책이 무엇인지 잘 알았다. 상상해 보라, 하나님의 보좌 옆에 서 있는 모습을. 하나님의 존전 앞에 선 순간, 모든 것은 하찮고 쓸모없어진다. 엄청나게 집착했던 문제들이 얼마나 시시한 것들이었는지 드러난다. 그래서 다윗은 하나님을 날마다 보는 것이 자신이 원하는 전부라고 하

나님께 고백한다. 하나님을 바라보는 것!

지난 몇 달 동안 계속해 왔던 기도 목록을 읽어 보면, 당신이 거듭 구했던 '한 가지'가 선명하게 드러난다. 솔직하게 말해 보라. 기도제목은 우리 자신의 참 모습이 무엇인지 보여 준다. 우리의 요청에는 우리가 소중하게 여기는 게 무엇인지, 하나님께 청하는 목소리의 분위기가 어떤지 잘 드러나 있다.

> 하나님은 하늘에 계시고, 너는 땅 위에 있으니, 말을 많이
> 하지 않도록 하여라(전 5:2).

하나님을 찾으러 어디로 갈 필요조차 없다. 그분은 지금도 우리와 같이 계신다. 당장 하나님과 같이 있을 시간을 내라. 하나님께 시선을 돌리라. 하나님을 찬양하라. 그것은 완전히 새로운 경험이 될 것이다. 아무것도 구하지 말고 그냥 하나님과만 함께 있어 보라. 하나님을 묘사하고 있는 요한계시록 4장과 5장을 읽고, 기도로 하나님의 존전에 나아가 하나님을 그려 보라. 말도 줄이고 간구하는 것도 삼가라. 오로지 하나님만 생각하고, 얼마나 하나님을 예배하는지 고백하라. 눈을 감고 그렇게 해 보라.

다른 무엇보다 하나님께만 집중하는 것이 얼마나 중요한지 깨달았을 것이다. 남편과 아내가 시간을 정해 놓고 그런 과정을 밟는다면, 두 사람의 많은 문제가 눈 녹듯 사라질 것이다. 다시

한 번 말하지만 부부 문제는 실제로 결혼생활에 문제가 생겨 일어나는 게 아니다. 문제는 마음이고, 하나님이다. 하나님과의 친밀함이 부족해서 다른 것들로 채워 보려고 애쓰지만, 그것은 너무나 허약하기 짝이 없어서 헛헛함만 남을 뿐이다. 하나님 자리는 돈이나 쾌락으로 채울 수 없다. 세상이 주는 명예와 존경심으로도 채워지지 않는다. 사람으로도, 결혼으로도 그 빈자리를 채울 수 없다.

이기심이 결혼생활을 망친다는 말에 반대할 사람은 없다. 우리는 자신의 목표를 최우선순위에 두는 바람에 하나님이 기뻐하시는 일이나 다른 사람들이 원하는 것을 종종 무시한다. 그러나 이기심을 덮어 누른다고 해서 인간의 자기중심성이 치유되지는 않는다. 해법은 오직 하나님을 바라보는 데 있다. 진심으로 그분을 응시할 때, 모든 문제는 제자리를 찾는다.

하나님을 묵상하면 하나님과 가까워지게 될 뿐만 아니라 하나님을 경외하는 마음이 다시 생겨난다. 결혼생활에서 부부의 친밀감이 바닥일 때, 하나님을 경외하는 마음은 두 사람을 지켜 주는 건강한 마음이 되기도 한다.

말씀과 기도, 결혼생활을 보호하는 길

요즘 세상은 만사가 예전과는 180도 달라졌다. 사방이 죄에 빠져들기 십상인 것들로 가득 차 있어서 손만 뻗으면 죄와 닿는다. 결혼생활을 파국으로 끌어내리는 두 가지가 떠오른다. 포르노와 바람 피우는 일이다.

내가 어렸을 때만 해도 〈플레이보이〉 잡지를 가져와 당당하게 계산대에 올려놓는 남자를 보면 다들 그를 성도착자로 여겼다. 그러나 요즘은 핸드폰으로 은밀하게 끝도 없이 포르노를 볼 수 있는 시절이다. 그걸 본다고 해서 그를 성도착자라고 생각하는 사람은 아무도 없다. 그저 일상일 뿐이다.

내가 어렸을 때만 해도 보통 사람의 기준으로 볼 때 남녀가 마주보고 시시덕거리는 모습을 보는 걸 수치스러워 했고, 그런 여자에게 수치스러운 딱지를 붙였다. 그런데 요즘은 남자나 여자나 은밀하게 상대방을 탐색하기 위해 페이스북을 뒤진다. 그렇게 시작된 불장난이 이혼이나 바람 피우는 일로 번지는 사건은 아주 흔해빠진 일이 된 지 오래다. 심지어 교회에서조차도.

하지만 진리는 절대로 변하지 않는 법. 여전히 그것을 보시는 하나님은 그런 일을 가장 미워하신다. 다수가 당신 편을 들어도 하나님께는 가당치 않은 일일 뿐이다. '남편이 나한테 아무 관심이 없어서 그랬어요' 또는 '아내는 내가 뭘 원하는지도 모른다니까요' 따위의 변명은 하나님께 통하지 않는다. 사탄은 당신 귀에다 속삭인다. '뭐가 문제야, 그 정도는 괜찮아.' 설령 친구나 상담가, 또는 목회자가 그렇게 조언해 준다고 해도 두말할 것도 없이 그건 사탄의 속삭임이다.

죄에 대한 답은 언제나 딱 한 가지다. '하나님을 두려워하라.' 가족을 사랑하는 마음이 아무리 커도, 자신의 약함을 무시해도 될 만큼 견고하지는 않다. 하나님이 우리를 지켜보고 계신다는 걸 절절하게 인식하는 것이야말로 치명적인 유혹이 가득한 악에서 벗어날 수 있는 길이다.

> 자기를 속이지 마십시오. 하나님은 조롱을 받으실 분이
> 아니십니다. 사람은 무엇을 심든지, 심은 대로 거둘 것입니다.
> 자기 육체에다 심는 사람은 육체에서 썩을 것을 거두고,
> 성령에다 심는 사람은 성령에게서 영생을 거둘 것입니다(갈
> 6:7-8).

> 그러므로 사랑하는 여러분, 여러분이 언제나 순종한 것처럼,
> 내가 함께 있을 때뿐만 아니라, 지금과 같이 내가 없을 때에도
> 더욱더 순종하여서, 두렵고 떨리는 마음으로 자기의 구원을
> 이루어 나가십시오(빌 2:12).

결혼생활을 파탄 낼 구실을 찾아 헤매는 적이 있다는 사실을 기억하라. 우리의 씨름은 혈과 육을 상대하는 게 아니기 때문에(엡 6:12 참조), 배우자와 수없이 많은 한밤의 데이트를 즐기고 휴가를 같이 보낸다거나 전문가 상담을 줄곧 받는다고 해서 결혼생활을 잘 지킬 수 있는 건 아니다. 이런 방법이 쓸모없지는 않겠지만, 그 이상의 무언가가 있다는 것을 인식해야 한다.

집중적으로 신실하게 기도하는 일이 행복한 결혼생활을 목표로 하는 모든 인간적인 노력을 능가하는 것만큼은 분명하다. "그러므로 여러분은 서로 죄를 고백하고, 서로를 위하여 기도하십시오. 그러면 여러분은 낫게 될 것입니다. 의인이 간절히 비는 기도는 큰 효력을 냅니다"(약 5:16).

절대로 무시해서는 안 되는 또 다른 힘의 원천은 성경이다. 예배에 참석하는 데 익숙한 사람들에게는 성경 말씀이 고장 난 테이프가 무한 반복하며 돌아가면서 내는 소리쯤으로 들릴지도 모르지만, 제발 그냥 흘려듣지는 말았으면 좋겠다. 성경에 나오는 말씀은 훌륭한 가르침 그 이상이며, 특별한 힘을 갖고 있다. 능력 있는 대목이 별도로 존재하는 건 아니다. 우주를 말씀으로 창조하신 하나님이 똑같이 말씀하신 살아 있는 언어가 바로 성경이다.

하나님의 말씀은 살아 있고 힘이 있어서, 어떤 양날칼보다도 더 날카롭습니다. 그래서, 사람 속을 꿰뚫어 혼과 영을 갈라내고, 관절과 골수를 갈라놓기까지 하며, 마음에 품은 생각과 의도를 밝혀냅니다(히 4:12).

성경에 적힌 말씀이 무엇과도 견줄 수 없는 능력으로 당신의 핵심 문제들을 꿰뚫는다. 그 말씀이 자기기만, 위선, 잘못된 동기들을 파헤치고 나아가 당신 영혼의 민낯을 드러낸다. 차분히 앉아 이 책을 읽다 보면 영적인 눈이 열린다. 그렇게 해서 당신의 마음과 생각 가운데 하나님이 일하시게 하라. 온종일 오만불손한 사람들의 고집스러운 생각들을 듣고 사는 우리는 하나님의 살아 있는 말씀들을 두고두고 곱씹으면서 마음을 정화해야 한다.

아래 적힌 말씀들을 느리게, 여러 번 읽어 보라. 홀로 또는 두 사람이 같이 큰 소리로 읽어 보라.

하나님의 집으로 갈 때에, 발걸음을 조심하여라. 어리석은 사람은 악한 일을 하면서도 깨닫지 못하고, 제물이나 바치면 되는 줄 알지만, 그보다는 말씀을 들으러 갈 일이다. 하나님 앞에서 말을 꺼낼 때에, 함부로 입을 열지 말아라. 마음을 조급하게 가져서도 안 된다. 하나님은 하늘에 계시고, 너는 땅 위에 있으니, 말을 많이 하지 않도록 하여라. 걱정이

많으면 꿈이 많아지고, 말이 많으면 어리석은 소리가
많아진다. 하나님께 맹세하여서 서원한 것은 미루지 말고
지켜라. 하나님은 어리석은 자를 좋아하지 않으신다. 너는
서원한 것을 지켜라. 서원하고서 지키지 못할 바에는, 차라리
서원하지 않는 것이 낫다. 너는 혀를 잘못 놀려서 죄를
짓지 말아라. 제사장 앞에서 '내가 한 서원은 실수였습니다'
하고 말하지 말아라. 왜 너는 네 말로 하나님을 진노하시게
하려 하느냐? 어찌하여 하나님이 네 손으로 이룩한 일들을
부수시게 하려고 하느냐? 꿈이 많으면 헛된 것이 많고,
말이 많아도 그러하다. 오직 너는, 하나님 두려운 줄만 알고
살아라(전 5:1-7).

그러나 주님의 날은 도둑같이 올 것입니다. 그날에 하늘은
요란한 소리를 내면서 사라지고, 원소들은 불에 녹아 버리고,
땅과 그 안에 있는 모든 일은 드러날 것입니다. 이렇게 모든
것이 녹아 버릴 터인데, [여러분은] 어떠한 사람이 되어야
하겠습니까? 여러분은 거룩한 행실과 경건한 삶 속에서
하나님의 날이 오기를 기다리고, 그날을 앞당기도록 하여야
하지 않겠습니까? 그날에 하늘은 불타서 없어지고, 원소들은
타서 녹아 버릴 것입니다(벧후 3:10-12).

이런 말씀들은 뭐라 더 설명할 필요가 없다. 읽고 또 읽을수록 삶은 더 강해진다. 부부가 함께 이 말씀을 거듭 되뇔수록 결혼생활은 더 견고해진다. 하나님이 거룩하시며, 예수님이 어느 날 갑자기 다시 오실 것을 남편과 아내가 함께 서로 환기시켜 주면서 결혼생활의 안전함을 도모하라.

인간은 노력하면 진리를 찾을 수 있다고 생각하는 경향이 있다. 교만하게도 작정하고 달려들면 문제를 해결할 수 있다고 믿고 싶어 한다. 그러나 성경은 사람이 아무리 머리를 굴려 생각하더라도 하나님의 생각을 좌우할 수 없다고 단언한다. 마찬가지로 결혼 문제나 다른 어떤 문제든 우리 지혜로 문제를 풀려고 해서는 안 된다. 하나님의 말씀을 듣는 것, 그보다 더 좋은 방법은 절대 없다.

> '나의 생각은 너희의 생각과 다르며, 너희의 길은 나의 길과
> 다르다.' 주님께서 하신 말씀이다. '하늘이 땅보다 높듯이,
> 나의 길은 너희의 길보다 높으며, 나의 생각은 너희의
> 생각보다 높다'(사 55:8-9).

이 말씀이 진리라면, 마음을 탐색하는 데 시간을 쓸 게 아니라, 하나님 말씀을 살피는 데 24시간을 들여야 한다.

결혼이 아닌, 하나님을 예배하라

컴퓨터를 수 분 동안 사용하지 않으면, 화면 보호기가 작동해 모니터에 해변을 따라 달리는 우리 가족사진이 나타난다. 그 사진을 보면서 나는 하나님께 경배드리곤 한다. 하나님은 어떻게 이런 생각을 하셨을까? 사람을 창조하고 결혼이라는 제도를 고안해 내신 하나님의 능력과 상상력은 문자 그대로 사람의 머리로는 이해할 수 없다.

가족을 만드셨다는 건 정말 탁월함 그 자체다. 혼자가 아닌, 사랑과 지지를 아끼지 않는 사람들이 함께, 힘든 시절은 서로 하나가 되어 헤쳐 나가고 좋은 시절은 더불어 웃으면서 눈물과 고통과 환희를, 그리고 기도와 찬양을 같이 하면서 인생을 겪는 것. 그 아름다움을 과연 누가 생각해 낼 수 있을까?

하지만 명심해야 한다. 하나님이 지으신 것들은 누리기에 참 좋은 것이지만, 가족의 사랑은 순식간에 퇴색할 수도 있다.

가장 중요한 계명이 무엇이냐는 질문을 받았을 때 예수님은 이렇게 답하셨다. "'네 마음을 다하고, 네 목숨을 다하고, 네 뜻을 다하여, 주 너의 하나님을 사랑하여라' 하였으니"(마 22:37-38). 이렇게까지 말씀하신 적도 있다. "나보다 아버지나 어머니를 더 사랑하는 사람은 내게 적합하지 않고"(마 10:37). 예수님은 우리 삶의 첫 번째 자리를 원하신다는 걸 분명히 하셨다.

사실 주님은 이렇게 말씀하셨다. "누구든지 내게로 오는 사람은, 자기 아버지나 어머니나, 아내나 자식이나, 형제나 자매뿐만 아니라, 심지어 자기 목숨까지도 미워하지 않으면, 내 제자가 될 수 없다"(눅 14:26). 가족을 사랑하는 것보다 조금 더 주님을 사랑해야 한다는 말이 아니다. 주님을 향한 우리의 사랑은 다른 범주에 속한다. 주님은 우리를 훨씬 넘어서는 분이므로, 주님을 향한 우리의 사랑 역시 우리가 다른 사람을 사랑하는 것과는 차원이 완전히 달라야 한다. 하나님을 향한 사랑과, 배우자를 향한 사랑 사이에는 도저히 건널 수 없는 어마어마한 차이가 있다. 그 둘을 비교하는 것은 어불성설이다.

아래 그림을 보라. 우리는 보통 왼쪽에 적힌 목록형태로 관심사 순위를 매기지만, 성경이 말하는 명령은 오른쪽에 나와 있는 대로다.

1. 하나님	1. 하나님
2. 가족	
3. 친구	
4. 일	
5. 소유	2. 가족, 친구, 일, 소유

우선순위 목록을 왼쪽처럼 정렬하고 흡족해하는 사람이 대부분이다. 하지만 성경은 그렇게 말하지 않는다. 아니, 그것은 실제로 성경이 가르치는 것과는 상반된다. 하나님은 하나님을 '구별됨'의 의미를 가진 거룩한 존재로 여기라고 명령하셨다. 이 명령대로 하나님을 사랑한다면, '하나님과 막상막하인 2순위'는 없는 게 당연하다.

다시 말하지만, 전심으로 하나님을 바라본다면, 지금 하고 있는 이야기는 백 번 지당한 말씀이다. 자, 이제 당신의 마음을 들여다보라. 당신이 가장 사랑하는 것은 무엇인가? 무엇을 위해 기도하는가? 무엇을 묵상하고 있는가?

사람은 하나님과, 그분의 영광을 위해 창조된 존재들이다.

> 만물이 그분 안에서 창조되었습니다. 하늘에 있는 것들과 땅에 있는 것들, 보이는 것들과 보이지 않는 것들, 왕권이나 주권이나 권력이나 권세나 할 것 없이, 모든 것이 그분으로 말미암아 창조되었고, 그분을 위하여 창조되었습니다(골 1:16).

> 그러므로 여러분은 먹든지 마시든지, 무슨 일을 하든지, 모든 것을 하나님의 영광을 위하여 하십시오(고전 10:31).

초점을 하나님께로 다시 향할 때다

빌립보서 3장을 보면, 바울은 그리스도를 믿는 믿음에 이르는 의로움을 이야기한다. "나는 이것을 이미 얻은 것도 아니며, 이미 목표점에 다다른 것도 아닙니다. 그리스도[예쉬]께서 나를 사로잡으셨으므로, 나는 그것을 붙들려고 좇아가고 있습니다"(12절). 구원 이후에는 평생 성화(거룩해지는 과정)의 시간이 이어진다는 것을 너무 많은 사람이 잊고 산다. 의롭게 되는 건 진실하게 믿는 순간 주어지는 것이지만, 예수님을 닮아 가는 의로움은 평생 동안 하나님께 속한 것들을 좇아가면서 더 깊어진다. 이것이 바로 바울이 그리스도께 사로잡힌 바 되기를 갈망한 이유다.

삶의 전 영역에서 이 목표를 향해 나아가야 한다. 그리고 결혼 문제에서 예수님을 닮는다는 것은 특히 중요하다. 결혼이 하나님의 영광과 복음이 무엇인지 보여 줄 수 있는 매우 강력한 방법이기 때문이다. 믿는다고 말한 것을 우리가 정말 믿는다면, 사람들은 우리가 일상에서 1순위로 삼은 것에 시선을 둘 것이다.

탁월한 설교의 은사를 갖고 있거나, 도움이 필요한 사람을 발 벗고 돕는다거나, 방대한 성경 지식을 갖고 있는 사람이 정작 결혼생활은 아주 형편없다면 슬그머니 의심의 눈초리로 바라본다. '어떻게 자기 아내를 저런 식으로 대우하지?' '왜 남편에게 저렇게 무례할까?' 그런 모습들은 실제로는 믿지 않는다는 걸 적나라하게 보여 준다. 많은 결혼 사례가 복음에 좋지 않은 그림자를 드리우고 있다는 데 우리는 큰 부담을 느껴야 한다.

그리스도인의 이혼율이 미미한 숫자이긴 하지만 '우린 달라'라고 세상을 향해 외치기에는 믿기 힘든 수준 아닌가. 그리스도의 마음과 성령의 권능을 가진 우리는 만사가 힘들어도 자신을 죽이고 사랑하고 용서하며 살기로 작정한 사람들이다. 이것이야말로 우리로 하여금 돌아서게 만든다. 하나님의 백성 된 우리에게 하나님이 원하시는 일이 바로 이것이다.

> 무슨 일이든지, 불평과 시비를 하지 말고 하십시오. 그리하여
> 여러분은, 흠이 없고 순결해져서, 구부러지고 뒤틀린 세대
> 가운데서 하나님의 흠 없는 자녀가 되어야 합니다. 그리하면
> 여러분은 이 세상에서 별과 같이 빛날 것입니다(빌 2:14-15).

당신의 결혼생활은 요즘 세대와는 어딘가 모르게 다른 구석이 있는가? 결혼이라는 관계는 하나님의 영광을 보여 주기 위해 만들어졌다. 우리는 하나님의 자녀에 어울리는 빛을 비추거나, 아니면 뒤틀리고 썩어빠진 이 세상에 매몰된 채 살아간다. 그리스도인이 결혼 관계를 똑바로 이해시키지 못한다면, 그 외

의 문제는 얼마나 잘 해결하는가 하는 게 실제로 중요하지 않다.

정말 결혼은 매우 중요한 문제다. 하나님은 결혼이라는 관계를 통해 우리 마음과 생각을 다스리신다. 결혼은 당신이 함께하는 가장 겸손하고 신성한 여행이다. 이기심과 교만과 씨름할 수밖에 없다. 하지만 사랑과 헌신을 보여 줄 수 있는 무대가 되기도 한다.

최근에 이런 말을 들었다. "우리는 하나님이 선하시며 사랑이 많으신 참 되고 선하신 존재임을 믿게 하려는 하나님의 계획이다." 하나님은 언제나 사람을 통해 당신 자신을 드러내신다. 세상에 유일한 신은 하나님뿐임을 세상에 보여 주기 위해 하나님이 이스라엘 민족을 택하신 것처럼, 우리 또한 우리가 속한 세상에 하나님을 표현하도록 부르심을 받은 존재들이다. 우리 인생으로 하나님이 계신다는 것을 믿게 만들어야 한다. 배우자를 사랑하는 방식으로 참 되신 예수 그리스도의 사랑을 입증해야 한다. 누군가가 당신의 결혼생활을 보고 예수 그리스도와의 관계를 떠올린다면 그것이야말로 정말 엄청난 일이 아닌가?

당신이 배우자를 사랑하는 모습을 보면서 세상 사람들은 당신 안에 있는 하나님을 볼 수 있어야 한다. 이 세상은 그리스도인의 결혼생활이 예수 그리스도와 교회를 정확하게 반영한다는 것을 반드시 목도할 수 있어야 한다. 결혼이 하나님의 영광을 드러내는 것이기 때문이다. 인생을 살아가는 방식이나 결혼생활을 영위하는 방식이 위기에 처해 있다면 근본적으로 생각을 바꿔야 한다.

가깝게 지내는 친구 조니 에릭슨 타다가 쓴 글을 보고 엄청 놀랐다. 그녀가 말한 내용은 사지마비와 만성통증에 시달리는 자기와의 싸움을 훌쩍 뛰어넘는 것이었고, 고통스럽거나 기쁘거나 우리 삶의 '모든' 상황에 적용되는 것이었다. 그녀는 이렇게 말했다.

> 휠체어와 거기에 따라오는 불편하고 불쾌한 부담에
> 만족하느냐 따위는 중요한 게 아니며, 너 위대하고 광대한,
> 그야말로 우주적인 문제는 따로 있다는 사실을 깨달았다.
> 나는 눈을 돌려 오로지 하나님께만 초점을 맞췄다. 하나님의
> 영광이 본질이고 핵심이었다. 하나님의 영광은 위기에 처해
> 있었다. 지금 이런 식의 만족이 아닌, 그분 안에서 만족하는
> 것이 '진짜' 문제다. 내 인생을 향한 하나님의 계획을 기뻐하는
> 게 더는 문제가 될 수 없었다. '모든' 만족의 원천으로써
> 지극하고도 완벽하게 하나님을 찾는 것이 관건이다. 나에게
> 기쁨을 주는 이것이 그분께도 지극히 높으신 영광을 드리게
> 될 것이기 때문이다.

매우 경이로운 통찰이다. 진짜 핵심 문제는 하나님으로 인

해 얼마나 만족감을 누리는가 하는 것이다. 결혼생활이 깨소금이 쏟아지든 죽을 맛이든 간에, 하나님의 영광은 위기에 놓여 있다. 당신의 초점을 하나님을 향해 이동할 때다. 바로 이것이 우리 부부가 이 책을 쓴 이유다. 기분 좋아지는 일에는 온갖 신경을 다 쓰면서도, 하나님으로 인해 깊은 만족을 누리며 사는 모습을 보여 주는 데는 별 생각이 없는 그리스도인의 인생이 너무나, 너무나 많다. 하나님의 영광을 위해서라면 결혼생활의 행복은 기꺼이 포기할 마음이 있는가? 자신의 권리를 찾는 데는 아등바등하면서도 거대하고도 우주적으로 진행되는 위기의식에는 아랑곳하지 않는 게 지금 우리의 모습이다.

> 이와 같이, 너희 빛을 사람에게 비추어서, 그들이 너희의
> 착한 행실을 보고, 하늘에 계신 너희 아버지께 영광을 돌리게
> 하여라 (마 5:16).

하나님의 영광에 대한 이야기는 어제 오늘의 주제가 아니다. 우리의 인생과 결혼으로 사람들이 하나님을 찬양하게 할 수 있다! 이기심과 어둠과 교만으로 가득 찬 지금 이 세상에서라면 더욱 그렇다.

> 여러분이 전에는 어둠이었으나, 지금은 주님 안에서

빛입니다. 빛의 자녀답게 사십시오(엡 5:8).

결혼에 관한 팁을 얻으려 성경을 들추지 말라

결혼의 의미와 역할을 제대로 이해할 수 있도록 성경이 큰 도움을 주는 건 사실이지만, 그렇다고 해서 성경이 결혼을 다루는 책은 아니다. 성경은 하나님에 대한 책이다. 성경은 하나님의 성품을 드러내고, 과거에 하나님이 하신 일을 보여 주며, 미래에 대한 하나님의 계획이 어떠한지를 알려 줌으로써 우리의 창조주가 어떤 분이신지 가르쳐 준다. 성경 전체의 줄거리를 보면 인간관계에 지나치게 집착하는 우리 모습은 그저 우습게 보일 따름이다.

아무것도 없는 상태에서 하신 말씀 "있으라"라는 명령이 그대로 이루어질 만큼 권능 있는 존재의 등장으로 성경은 시작된다. 그분은 한없이 거룩하고 공명정대하셔서 오직 그분만을 바라본 여덟 사람만 남겨두고 지구 위의 모든 사람을 수장시키기도 했던 존재다.

성경은 오만한 자를 벌하고 겸손한 이를 축복하시는 하나님의 이야기로 가득하다. 아울러 앞으로 다가올 심판이 얼마나 두려운 것인가를 말해 주는 환상도 포함하고 있다. 그날, 사람은 하나님과 더불어 연합하며 온전한 기쁨을 누리는 곳으로 가게 될지, 아니면 그분과 완벽하게 차단되어 끝나지 않은 고통에 처해질지 결정된다.

하나님은 성경에 나오는 모든 이야기의 중심에 서 계신다. 그분은 인생의 창조주시며, 심판자요 구세주시다. 그러므로 성경이 결혼을 다루고는 있지만, 결혼생활에 도움이 될 팁을 찾느라 성경을 들추지 않도록 주의해야 한다. 성경에는 아주, 아주, 큰 그림이 들어 있다.

하나님께 가까이 가라. 그것보다 결혼 문제를 앞세우지 마라. 하나님과 바른 관계에 있다면, 결혼 문제는 하나님이 의도하셨던 처음 그 모습대로 해결되어 간다. 남편과 아내는 합의를 이끌어내고 둘 사이에 평화가 찾아온다. 하나님을 인정하라. 그분이 당신의 인생에 두신 거룩함과 최우선순위에 동의하라.

부부가 함께하는
예수 제자 훈련

핵심은 이 장에서 다룬 진리에 반응하는 것이다. 도움이 될 수 있는 몇 가지를 아래에 제안했다. 인생과 결혼생활에서 당연히 계셔야 할 바로 그 자리로 하나님을 올려 드리며 그분을 경외하는 데 도움이 된다고 생각한다면, 그대로 실행에 옮기라! 더 특별하고 신통한 다른 방법이 있다면 그 편을 따라도 좋다. 중요한 것은 실천!

새로운 관계 설정을 위한 시간표 만들기

: 상대방을 처음 만났던 그때 자신의 모습을 적어 보라.

:　지금 현재 자신의 모습을 써 보라. 부부 관계의 과정에서 보면 성장
　했는가, 아니면 퇴행했는가?

:　이번에는 10년 후를 내다보라. 10년 안에 당신이 원하는 결혼생활
　이 있다면, 그것은 어떤 모습인가?

:　인연이 시작되었던 그 지점 A, 그리고 지금 서 있는 지점 B를 생각
　해 보라. 10년 후에 서 있고 싶은 지점 C로 가기 위해서는 어떤 행
　동이 필요한가? 그것을 위해 희생할 것은 무엇인가? 노력해야 할
　습관과 목표는 무엇인가? 버려야 할 것은 무엇인가? 그 길로 함께
　나아가기 위해 서로 어떻게 도울 수 있는가?

☀ 하나님을 경외하는 마음 살피기

: 지금 책상 앞에 앉아 하나님을 어떻게 경외하고 있는지 적어 보라. 하나님을 경외하는 마음을 바로 하고 든든히 하는 방법, 의무감으로 하나님을 두려워하는 우를 범하지 않는 방법을 적어 보라.

: 각자 적은 것을 가지고 서로를 도우라. 목록을 교환해서 서로 조언해 주면 내용은 좀 더 치밀해질 수 있다.

: 하나님을 더욱 경외하는 데 서로 어떻게 도울 수 있는지 전략을 세워 보라. 여기에 힘이 될 성경 말씀이 무엇인지 찾아보라. 서로 어떻게 기도할 것인지 말해 보라. 각자 하나님을 경외하는 마음이 자라가는 것을 보여 줄 확실한 증거는 무엇인가?

2

복음에 비춰 본
결혼

내 결혼생활은
예수 복음을 설명하고 있는가

하나님과의 관계가 든든하지 않다면
결혼생활을 개선할 도리는 없다.

점심을 먹는 자리에서, 내 친구가 자신의 부모님 이야기를 꺼냈다. 95세 된 아버지와 96세 어머니 이야기였다. 지금으로 치자면 초등학교 6학년 때 사랑에 빠진 두 분은 75년 동안 해로하셨다. 무려 83년이나 최고의 친구로 살아 온 셈이다! 지금 어머니의 의식은 온전하지 못한 상태지만, 아버지는 어머니의 팔 위에 당신 손을 얹으신 채 그 곁에 몇 시간씩 앉아 계신다고 한다.

잠시 그 장면을 상상해 보라. 아버님은 마음속으로 어떤 생각을 더듬고 계셨을까? 83년 동안이나 자신 곁에 있었던 그 팔에서 무엇을 느끼려 했던 것일까? 누군가와 더불어 83년의 기억을 공유하고 싶게 만드는 건 무엇일까?

마치 사진앨범처럼 켜켜이 쌓여 있는 추억들을 그리는 남편을 상상해 본다. 운동장에서 함께 웃고, 사랑에 빠지고, 결혼하고, 아이들을 낳고, 손자 손녀를 보고, 증손주들을 만나는 장면을 떠올리며 앨범 한 장 한 장을 넘기는 모습을 상상해 본다. 말다툼과 처절한 슬픔, 상실감과 비통함이 더불어 있어서 애틋한 감정은 더 깊어졌을 것이다. 뒤표지로 이어지는 마지막 장에는, 어느 날 나란히 이 지상에서의 삶을 마치는 두 사람의 마지막 장면이 남을 것이다.

한 번 쓰고 버리는 일회용품 같은 결혼이 난무하는 이 시대에 헌신, 장수, 하나님이 만드신 결혼의 아름다운 요소를 간직한 부부의 이야기를 듣게 되어 참 반가웠다. 비록 직접 뵙지는 못했지만 그런 모델을 알게 된 것만으로도 행복했다. 두 분의 이야기는 우리가 추구해야 할 목표가 무엇인지 알려 준다.

두 분 덕분에 아내와 함께할 미래의 모습을 예상할 수 있었다. 가끔 아내는 얼굴에 생기는 주름을 가리키며 나이 드는 것을 투덜댄다. 이제는 함께 나이 들어간다는 걸 알려 주는 표시라서 그 주름살을 좋아하게 되었다고 아내에게 꼭 말해 줘야겠다. 함께 나이 들어간다는 건 우리 꿈이 이루어지고 있다는 거니까. 나도 그분들처럼 아내와 함께 83년 동안의 추억을 갖고 싶다(그런 날이 올지 모르겠다. 그러려면 108세까지 살아야 한다).

앞서 말한 노부부의 이야기는 우리가 관계를 위해 지음 받은 존재임을 환기시켜 준다. 하나님은 말씀하셨다. "남자가 혼자 있는 것이 좋지 않으니, 그를 돕는 사람, 곧 그에게 알맞은 짝을 만들어 주겠다"(창 2:18). 고독이 주는 아픔을 아는 사람이라면 누구나 이 말씀이 진리임을 절감한다. 인생의 수없이 많은 기쁨은 건강한 관계에서 나온다. 결혼이란 절대적으로 밝고 환한 것이다. 결혼은 더없이 아름다운 것이지만, 원래 지으신 대로 그것은 그저 더 위대한 것의 그림자에 불과하다.

인간이 하나님과 하나 되는 기적

에베소서 5장에서, 바울은 결혼을 "비밀"이리고 언급한다. 그러나 곧 그 비밀이라는 건 남자와 여자 사이의 결혼을 두고 한 말이 아니라, 그리스도와 교회의 결혼을 두고 이야기한 것이라고 설명한다. 인간이 하나님과 하나가 되는 것은 그야말로 기적이라는 말이다.

> 그러므로 사람이 부모를 떠나 자기 아내와 합하여 그 둘이
> 한 몸이 되는 것입니다. **이 비밀**은 큽니다. 나는 **그리스도와**
> **교회를 두고** 이 말을 합니다(엡 5:31-32, 굵은 글씨는 저자 강조).

하나님이 인간이 되기를 추구하시다니! 놀랍게도 성경 전체에 걸쳐 나와 있는 내용이다. 우리는 하나님이 동산에서 아담

과 하와와 함께 걸으시는 것을 보았고, 하나님이 산꼭대기에서
모세와 말씀하시는 것을 들었다. 우리는 장막과 성전에서 하나님
의 신비스러운 임재를 목도했다. 신약에 이르러서는 마침내 예수
님의 탄생을 읽었다. 임마누엘이란, 문자 그대로 '하나님이 우리
와 함께 계시다'라는 뜻이다. 우리는 하나님이 말을 듣지 않는 당
신의 백성들 사이에서 걸으시는 것을 보았다. 후에 하나님은 성
령을 보내서서 실제로 아예 백성들 속에서 사셨다. 한 개인은 물
론이거니와 교회 전체와 함께. 성경은, 예수님이 당신의 백성과
결혼해서 영원히 그들과 함께 사는 미래를 서술하는 것이다.

성경은 하나님과 인간의 하나 됨, 숨이 멎을 만큼 신비한
그 가능성을 이렇게 드러낸다.

> 그러나 우리가 아직 죄인이었을 때에, 그리스도께서 우리를
> 위하여 죽으셨습니다. 이리하여 하나님께서는 우리들에
> 대한 자기의 사랑을 실증하셨습니다. …… 우리가 하나님의
> 원수일 때에도 하나님의 아들의 죽으심으로 말미암아
> 하나님과 화해하게 되었다면, 화해한 우리가 하나님의
> 생명으로 구원을 얻으리라는 것은 더욱더 확실한 일입니다(롬
> 5:8-10).

여기서 충격적인 대목은, 하나님이 우리가 그분을 알게 허

락하셨을 뿐만 아니라, 우리를 위해 하나님이 죽기까지 하셨다는 것이다. 하나님은 탁자 위에 초대장을 남겨 놓으셨을 뿐만 아니라 가장 비싼 값을 치르셨다.

이보다 더 위대한 사랑 이야기는 없다. 우주의 심판자는 자신에게 반란을 일으킨 사람들을 뒤쫓았다. 사람들은 하나님의 법을 거부하고 마음 가는 대로 살기 위해 하나님과 원수가 되는 길을 택했다. 그렇지만 하나님은 당신의 '원수들'을 지독히 사랑하셔서 아들을 보내 그들의 죗값을 대신 치르게 했다. 하나님의 진노는 예수님이 십자가에서 절명했을 때 비로소 사그라들었다.

예수님의 죽음을 통해, 사람들은 자신의 죄로부터 정결케 되었고, 한때 거부했던 하나님과 비로소 화해하게 되었다. 이것은 하나님의 정당함과 용서, 의로움과 의를 행하시는 분임을 보여 준다(롬 3:21-26 참조). 우리 죄에 대한 하나님의 심판이 이루어졌기 때문에 그분은 의로운 분이다. 우리를 대신해 죄 없는 하나님의 아들이 고통을 당하셨으므로 우리는 의롭게 되었다.

이 이야기를 적으면서 내 표현이 너무 허접하다는 생각이 들었다. 종이 위의 죽은 글자들을 가지고 지극히 성스러운 일들을 기술하고 있는 꼴이다. 언어들은 너무나 허약하다. 아무 생기가 없다. 쓰는 일을 당장 집어치우고 당신에게 외치고 싶다. "예수님이 돌아가셨어요! 당신을 하나님께 인도하기 위해 가장 처절한 죽음을 선택하셨다고요! 이제 모든 것이 달라졌습니다! 당신과 나는 하나님 앞에 가장 소름 끼치는 심판을 받을 운명이었지만, 운명이 완전히 달라졌다고요. 이제 나는 죽음이 두렵지 않습니다! 죽지 않기를 바랄 필요도 없습니다! 예수님, 감사합니다!"

우리를 신부 삼아 주신 분

하나님 앞에 설 때 나는 더 이상 때 묻은 존재가 아니다. 주님이 우리를 대신해 하신 일 덕분에 우리는 영적으로 중립 상태에 있지 않다. 오히려 주님은 우리를 의롭게 하셨다. 멋진 존재로 만드셨다. 주님께 붙어 있는 사람은 누구나 그분께 아름다운 존재다.

> 신랑에게 제사장의 관을 씌우듯이,
> 신부를 패물로 단장시키듯이,
> 주님께서 나에게 구원의 옷을 입혀 주시고,
> 의의 겉옷으로 둘러 주셨으니,
> 내가 주님 안에서 크게 기뻐하며,
> 내 영혼이 하나님 안에서 즐거워할 것이다(사 61:10).

주님은 우리를 아름답게 바꾸셨다. 마치 혼인하는 날의 신부처럼. 나는 많은 결혼식을 인도하면서 신랑이 신부를 황홀하게 바라보는 기막힌 순간을 볼 수 있는 특권을 누렸다. 웨딩드레스를 입고 신부가 식장에 들어서면 어김없이 "와!"라는 탄성이 새어 나온다. 결혼식 날 아름다운 신부를 본 신랑의 얼굴과 목소리에는 진정한 경탄이 묻어 있다.

이 점에 집중해 보자. 하나님은 우리가 얼마나 멋진 존재인지를 말해 주는 데 이 장면을 사용하신다. 하나님은 우리를 그렇게 아름답게 만드셨다. 우주를 지으신 분이 그런 호감을 가지고 우리를 바라보신다는 것을 상상하는 건 쉽지 않다. 사실 하나님이 우리를 미워하시지 않는다는 걸 안다는 것만으로도 엄청나게 놀랍다. 그러므로 우리가 하나님께 말할 수 없이 매력적인 존재라는 사실을 믿기 위해서는 그렇지 않다고 속삭이는 것과 전투를 벌여야 한다.

우리가 한 일이라고는 아무것도 없다는 사실을 명심하라. 주님이 우리의 추악함을 모두 없애 주셨다. 으레 상상하는 신부와 달리, 예식장 복도로 나가기 전의 우리 모습은 꾀죄죄하고 기괴하고 비통함에 잠겨 아무 준비도 되어 있지 않은 상태다. 그러나 신랑 되신 하나님은 우리가 믿음으로 하나님을 바라볼 때 우리를 아름답게 하시며, 그 순간 우리는 하나님의 가장 소중한 신부가 된다.

하나님께서는 죄를 모르시는 분에게 우리 대신으로 죄를

씌우셨습니다. 그것은 우리가 그리스도 안에서 하나님의

의가 되게 하시려는 것입니다(고후 5:21).

우리는 지금 그리스도의 신부다. 아울러 성경은 '어린 양의 혼인 잔치'를 기대하며 기다리고 있다고 우리를 묘사한다. 우리의 혼인 잔치에 얼마나 많은 시간, 돈, 수고가 들었을지 생각해 보라. 그러나 이것은 성경이 강조하는 결혼이므로, 우리의 결혼도 그러해야 한다. 우리는 하나님과 화해하고 하나님과의 관계에서 현재의 기쁨을 누리는 신부지만, 아직 진짜 결혼식은 시작되지 않았다.

신약성경은 '이미'와 '아직' 사이에 놓여 있는 긴장을 종종 언급한다. 예수님은 지금 우리의 왕이지만, 주님의 완전한 통치는 미래에 이루어진다. 예수님은 사탄에게 치명적인 일격을 가하셨지만, 사탄을 완전히 처리하는 건 재림하실 때다. 우리는 지금 예수 그리스도의 신부지만, 완전한 첫날밤은 주님이 다시 오실 때까지 기다려야 한다.

또 나는 큰 무리의 음성과 같기도 하고, 큰 물소리와 같기도

하고, 우렁찬 천둥소리와 같기도 한 소리를 들었습니다.

"할렐루야, 주 우리 하나님, 전능하신 분께서 왕권을

잡으셨다. 기뻐하고 즐거워하며, 하나님께 영광을 돌리자. 어린 양의 혼인날이 이르렀다. 그의 신부는 단장을 끝냈다. 신부에게 빛나고 깨끗한 모시 옷을 입게 하셨다. 이 모시 옷은 성도들의 의로운 행위다." 또 그 천사가 나에게 말하였습니다. "어린 양의 혼인 잔치에 초대를 받은 사람은 복이 있다고 기록하여라." 그리고 또 말하였습니다. "이 말씀은 하나님의 참된 말씀이다"(계 19:6-9).

예수님을 믿는 사람이 맞게 될 마지막은 이와 같다. 누구도 경험하지 못했던 방식으로 우리와 함께하셨던 하나님이 이 결혼식을 거행하신다. 영원토록 이어질 미래에는 더 이상 죽음도, 슬픔도, 울부짖음도, 고통도 없을 것이다(계 21:1-4 참조). 이 땅에서의 시간은 짧고 고통스럽다. 새 하늘과 새 땅에서의 시간은 영원하고 영광스러울 것이다.

하나님이 우리를 위해 하셨던 일을 난생처음 이해했다면, 이 점에 신경 써야 한다. 하나님과의 관계가 든든하지 않다면 결혼생활을 개선할 도리는 없다. 조용한 공간을 찾아 당신을 지으신 하나님을 만나 대화를 나눠 보라. 하나님께 당신의 죄를 고백하고 용서를 구하라. 당신을 위해 죽으신 예수님께 감사하라. 성령의 내주하심을 구하라. 지금까지 살아온 방식에서 돌이켜 영원한 빛 가운데 거하시는 하나님을 따르라.

우리가 우리 죄를 자백하면, 하나님은 신실하시고 의로우신 분이셔서, 우리 죄를 용서하시고, 모든 불의에서 우리를 깨끗하게 해 주실 것입니다(요일 1:9).

수년째 이 진리를 귀에 못이 박이도록 들었다고 해서, 이를 케케묵은 복음으로 여겨서는 안 된다. 지금부터라도 하나님과 연합하는 일은 세상에서 당신이 가장 열성을 내는 일이 되어야 한다.

'지금 내 안에 성령이 있는가'가 핵심이다

100미터 달리기를 상상해 보자. 나는 출발선에 서 있고, 아버지와 경주를 벌인다. 경기를 1초만 한다고 해도, 내가 이기는 것은 당연하다. 그게 확실한 이유는 아버지가 오래전에 돌아가셨기 때문이다. 오싹한 장면이기는 하지만, 시사하는 바가 크다. 요점은 살아 있다는 것이 엄청나게 유리하다는 말이다.

성경은 세상 사람이 모두 그런 것처럼, 죄 때문에 우리가 죽었다고 말한다(엡 2:1-3 참조). 이 말씀을 형상화해 보면, 좀비 영화에서처럼 일단의 시체들 주변을 걷고 있는 살아 있는 사람의 모습이 떠오른다. 세상에 사는 우리 모습과 너무나 잘 어울리는 비교가 아닌가! 많은 그리스도인이 자기 주변에 있는 사람보다 손톱만큼이라도 더 도덕적으로 보이는 것에 만족한다. 하지만 그리스도인과 비그리스도인의 차이는 애매하게 도덕적으로 구별되는 정도가 아니다. 차이는 살아 있는 존재냐, 죽은 존재냐 하는 것이다!

이 책을 잠시 덮고 에스겔서 37장 1-14절을 읽으라. 이 구절에서 선지자 에스겔은 골짜기 한가운데에 서 있다. 에스겔이 주변을 돌아보니 골짜기엔 뼈들이 가득했다. 사방에 뼈들이 널려 있었고, 모두 아주 바싹 마른 뼈들이다. 그때 하나님은 에스겔에게 이렇게 말하라고 명령하신다.

> 너는 이 뼈들에게 대언하여라. 너는 그것들에게 전하여라.
> '너희 마른 뼈들아, 너희는 나 주의 말을 들어라. 나 주
> 하나님이 이 뼈들에게 말한다. 내가 너희 속에 생기를
> 불어넣어, 너희가 다시 살아나게 하겠다. 내가 너희에게
> 힘줄이 뻗치게 하고, 또 너희에게 살을 입히고, 또 너희를
> 살갗으로 덮고, 너희 속에 생기를 불어넣어, 너희가 다시
> 살아나게 하겠다. 그때에야 비로소 너희는, 내가 주인 줄 알게
> 될 것이다'(겔 37:4-6).

에스겔은 자기 주변을 둘러싼 마른 뼈들을 향해 이 말씀을

대언했다. 그러자 달가닥거리는 소리가 들려왔다. 그는 마른 뼈들이 이어지는 것을 보았다. 뼈 위로 힘줄이 뻗치고 살이 오르고 살갗이 덮였다. 그때 하나님은 그것들에 생기를 불어넣으라고 하셨고, 에스겔은 명을 받은 대로 대언했다. "그들이 곧 살아나 제 발로 일어나서 서는데, 엄청나게 큰 군대였다"(겔 37:10).

이것이 바로 그 차이다. 예수 그리스도 안에서 살아난 사람과 그렇지 못한 사람의 차이 말이다. 부활한 존재와 바싹 마른 뼈 더미의 차이.

에스겔서 36장에서, 하나님은 그분의 백성에게 가서 돌같이 굳은 마음에 살아 있는 마음을 이식하고, 그들 속에 새로운 영을 두겠다고 약속하셨다(25-27절 참조).

이 말씀은 사도행전 처음 넉 장을 생각나게 한다. 예수님의 제자들이 성령 충만하게 되어 큰 권능을 받았던 대목이다. 그 장면을 목격한 이들은 곧바로 변화되었다. 베드로는 그들에게 일어난 일이 다른 사람들에게도 똑같이 일어날 것이라고 말한다.

> 베드로가 대답하였다. "회개하십시오. 그리고 여러분 각
> 사람은 예수 그리스도의 이름으로 세례를 받고, 죄 용서를
> 받으십시오. 그리하면 성령을 선물로 받을 것입니다.
> 이 약속은 여러분과 여러분의 자녀와 또 멀리 떨어져 있는
> 모든 사람, 곧 우리 주 하나님께서 부르시는 모든 사람에게

주신 것입니다"(행 2:38-39).

그날 3천 명이 세례를 받았다. 이 구절을 주목해 보자. "이 약속은 여러분과 여러분의 자녀와 또 멀리 떨어져 있는 모든 사람, 곧 우리 주 하나님께서 부르시는 모든 사람에게 주신 것입니다."

제자들이 그날 경험한 건, 죽었던 이들이 살아나 힘 있는 군대가 되는 에스겔 환상의 역사가 사도행전 2장에 나오는 성령의 권능을 목도한 사람들에게 주어진 것이었다. 그것은 그들의 자녀들에게 여전히 유효할 것이다. 그들의 아주 먼 후손들에게도 일어난다. 하나님은 여전히 하나님께 돌아오라고 부르고 계신다. 우리는 2천 년 전 사도들이 성령으로 경험한 것과 똑같은 권능을 가질 수 있다.

주님이 당신 안에 계신가? "회개"하고 "세례"를 받고 "성령의 은사"를 받기로 선택했는가? 기억하라. 이것은 생명과 죽음의 차이, 흩어진 뼈들과 살아 있는 존재의 차이에 관한 문제다.

주님이 당신을 부르시기 위해 당신의 결혼을 사용하신다는 것은 충분히 있을 수 있는 일이다. 당신은 결혼생활에 도움이 될 팁을 찾는 수준이지만, 하나님은 속으로 더 큰 계획을 갖고 계신다. 예수님이 당신을 위해 하신 일과 아직 이루지 않은 일이 있음을 믿는다면, 세례를 주고 예수 그리스도를 잘 가르쳐 줄 수 있는 성경적인 교회를 찾으라.

이 책을 쓰기로 하고 아내와 함께 아이디어 회의를 했을 때, 우리는 성령을 가지지 않은 사람들에게 건강한 결혼생활의 비전을 심어 주는 것은 무가치한 것이라는 데 의견을 같이 했다. 성령은 단순히 성공률을 높이는 장치가 아니다. 기억하라. 이것은 살아 있고 죽어 있는 차이의 문제라는 것을. 하나님의 영이 없다면, 결혼에 대한 건강한 관점이나 간절함 따위는 아무 소용이 없다. 죽어 있는 배우자로 살아 있는 결혼을 만드는 마술을 부릴 수는 없지 않은가.

아주 간단하다. 성령은 도저히 불가능해 보이는 상황에 있는 우리를 절대로 실패할 리 없는 자리로 옮겨 놓으신다. 다음에 나오는 성경 말씀을 묵상하라. 성경에 나오는 가장 중요한 대목 중 하나다.

육신을 따라 사는 사람은 육신에 속한 것을 생각하나,
성령을 따라 사는 사람은 성령에 속한 것을 생각합니다.
육신에 속한 생각은 죽음입니다. 그러나 성령에 속한 생각은
생명과 평화입니다. 육신에 속한 생각은 하나님께 품는
적대감입니다. 그것은 하나님의 법을 따르지 않으며, 또
복종할 수도 없습니다. 육신에 매인 사람은 하나님을 기쁘게
해 드릴 수 없습니다. 그러나 하나님의 영이 여러분 안에 살아

계시면, 여러분은 육신 안에 있지 않고, 성령 안에 있습니다.
누구든지 그리스도의 영이 없으면, 그리스도의 사람이
아닙니다. 또한 그리스도께서 여러분 안에 살아 계시면,
여러분의 몸은 죄 때문에 죽은 것이지만, 영은 의 때문에
생명을 얻습니다. 예수를 죽은 사람들 가운데서 살리신 분의
영이 여러분 안에 살아 계시면, 그리스도를 죽은 사람들
가운데서 살리신 분께서, 여러분 안에 계신 자기의 영으로
여러분의 죽을 몸도 살리실 것입니다(롬 8:5-11).

이 말씀을 읽으면서 게토레이라는 한 스포츠 음료 광고가
떠올랐다. 흠뻑 땀에 젖은 선수들이 게토레이를 마시자 엄청난
기량을 발휘하는 장면이 연출되면서, 광고는 "당신에게는 이것
이 있는가?"라고 묻는다. 물론 게토레이는 실제로 그렇게 폭발적
인 에너지를 가진 음료도 아니고, 농구장에서 내가 게토레이를
마실 일도 없다. 그러나 그 영상은 성령을 성경적으로 설명하는
데 참 적절하다.
　　하나님은 예수 그리스도를 믿는 사람들 안에 내적인 변화
가 일어나 "새로운 피조물"(고후 5:17)이 될 것이라고 약속하셨다.
그리고 이와 같은 속사람의 변화는 외적인 실천으로 나타난다.
성령은 우리 안에서 너무나 강력하게 역사하셔서, 일하시는 성
령의 모습은 논의의 여지없이 한눈에 봐도 알 수 있다(갈 5:22-24

참조). 그와 같은 열매들이 삶에서 보이지 않는다면, 이렇게 물어봐야 한다. '내 안에는 성령이 있는가?'

좋은 나무는 좋은 열매를 맺지 않을 수 없다(마 7:16-20 참조). 마음에 가득 찬 것을 입으로 말하는 법이다(눅 6:45 참조). 악을 미워하고 의를 사랑하게 되는 것은 우리 존재의 중심에 성령이 계시기 때문이다.

이와 같은 내적인 변화가 일어난다면, 그렇게 하지 않을 도리는 없다. 이것이 바로 그리스도인의 삶이 이루어지는 방식이다. 무엇이든 안에서 흘러넘쳐야 밖으로 솟구친다. 하나님을 사랑하는 것을 속임수로 하지 못한다. 사랑하므로 사랑하는 것이다. 하나님을 섬기는 것을 내 마음으로 하지 못한다. 섬기지 않고는 배겨낼 수 없으므로 섬기게 된다.

사람들을 사랑하고 가난한 이들을 위해 내 것을 내놓는 것도 마찬가지다. 이런 일들을 하고자 하는 마음이 내 안에 있고, 내 존재 모든 구석구석에서 실천 의지가 샘솟는다. 욕망을 혐오한다. 교만도 싫어한다. 미워하는 것도 경멸한다. 그런 일은 엄두조차 낼 수 없다. 내가 '새로운 피조물'이 되었기 때문이다. 나는 더 이상 하나님의 율법을 짐으로만 보지 않으며, 오히려 그로 인해 감사하게 된다. 의의 종이 되었으니 감사할 따름이다!

그러나 하나님께 감사하는 것은, 여러분이 전에는 죄의

종이었으나, 이제 여러분은 전해 받은 교훈의 본에

마음으로부터 순종함으로써, 죄에서 해방을 받아서 의의 종이

된 것입니다(롬 6:17-18, 굵은 글씨는 저자 강조).

성전에서 하나님의 권능을 경험하고 싶다는 생각으로 구약

시대에 살았더라면 더 좋았겠다고 생각하는 그리스도인들을 종

종 본다. 또 예수님이 이 땅에 계시며 사역하셨을 때 살았더라면

하고 바라는 이들도 있다. 예수님과 대화도 하고 그분이 펼치시

는 기적도 볼 수 있지 않느냐고 말한다. 그러나 예수님은 우리가

있는 지금이 더 낫다고 말씀하신다.

내가 너희에게 진실을 말하는데, **내가 떠나가는 것이**

너희에게 유익하다. 내가 떠나가지 않으면, 보혜사가

너희에게 오시지 않을 것이다. 그러나 내가 가면, 보혜사를

너희에게 보내 주겠다(요 16:7, 굵은 글씨는 저자 강조).

예수님과 함께 걷거나 성전에서 하나님의 권능을 체험하기

를 여전히 원한다면, 그것은 성령에 대한 이해와 체험이 단단히

잘못된 것이다.

우리는 지금 인류 역사상 아주 놀라운 시대에 살고 있다.

모든 성도 안에 하나님의 영이 내주하시는 지금 이 시대는 성전

이나 예수님으로 대체되어야 할 정도로 시시한 시대가 아니다. 성경은 우리가 신앙의 선배들보다 더 좋은 것을 가졌다고 말한다. 하나님이 우리 옆에 계시는 게 아니라, 우리 안에 계신다!

비신자들이 그리스도인들로부터 성령의 능력을 주장하는 말을 들었다 해도 사랑이 빈약하거나 아예 사랑하지 않는 그들의 결혼생활을 보고는 도무지 믿을 수 없다며 고개를 절레절레 흔드는 이유도 여기에 있다. 하나님의 영이 진실로 우리 안에 계신다면, 하나님의 권능은 우리의 결혼생활에서 분명해져야 한다. 그리스도인의 결혼생활이나 비그리스도인의 결혼생활이나 거기서 거기라는 새로운 통계치를 보는 데도 이젠 지쳤다. 더 노력한다거나 괜찮은 전략을 써 보는 건 해결책이 아니다. 우리 마음에서 솟구쳐 나오는 성령의 권능이 우리의 결혼생활로, 우리 삶의 전 영역으로 뻗어나가야 한다.

우리에게 맡기신 배역

하나님의 이야기에서 당신에게 주어진 배역이 있다는 사실을 생각해 본 적이 있는가? 아니, 이 사실에 감탄해 본 적이 있는가? 하나님은 세상을 창조하셨고, 사람들은 하나님을 거역했다. 그래서 하나님은 그 백성에게 선지자를 보내 경고했고, 제사장들로 하여금 백성을 설득하도록 했으며, 왕을 구한 백성에게 왕의 인도를 받게 했다.

하지만 그들은 끝내 하나님께 등을 돌렸다. 마침내 하나님은 백성에게 자신의 아들을 보내셨는데도 그분의 이야기조차 백성에겐 먹혀들지 않았다. 그래서 예수님은 인류의 죄를 대신 지고 돌아가셨으며, 무덤에서 일어나 부활하셨고, 승천하셨다. 이 땅을 떠나신 예수님은 성령을 보내 이 땅에서 그분이 하셨던 사역이 지속될 수 있도록 신자들에게 힘을 주시며 그들 안에 거하게 하셨다.

인간의 역사가 끝나기 전에, 구세주이자 심판주이신 그분은 인류를 구원하고 심판하시기 위해 다시 오실 것이다. 그때가 아직 오지 않은 지금 태어났으므로, 우리는 삶에서 성령의 권능을 보여 주도록 하나님의 부르심을 받은 존재들이다. 우리 임무는 하나님이 본향으로 부르실 때까지, 아니면 인류 역사가 끝나는 날까지 성령의 권능을 알리는 것이다. 그러면 우리를 지으신 하나님, 우리를 위해 죽으신 아들 예수 그리스도, 우리에게 권능을 주신 성령은 이 세상에 하나님의 사랑을 정확하게 보여 준 공로로 큰 상을 주실 것이다.

이 모든 일은 어린 양의 혼인 잔치에서 대단원의 막이 내려진다. 신부 된 우리는 영원 무궁히 모든 신자와 연합하여, 오직 한 분이신 우리 왕과 혼인할 것이다. 그리하여 영원히 그분과 함께 살며 통치하게 될 것이다.

이것이 바로 우리가 부르심을 받은 이야기다. 우리는 이 이
야기에서 작지만 매우 중요한 역할을 맡고 있다. 우리의 결혼도
하나님의 위대한 계획에서 상당한 역할을 차지한다. 우리는 결
혼에 대한 근사한 그림을 그리도록 부르심을 입었다. 사람들은
우리의 결혼생활을 보면서 장차 있게 될 예수 그리스도와의 결
혼을 고대하기 때문이다. 하나님이 우리에게 맡기신 배역은 우
리의 결혼을 통해 예수 그리스도의 사랑과 겸손을 보여 주는 역
할이다. 뒤에서 이것이 무엇과 비슷한지 살펴볼 예정이다. 지금
생각할 것은, 현재의 결혼이 하나님의 영원한 계획에서 어떤 역
할을 한다는 것이다.

그리스도인에게 주어진 역할은 하나님의 이야기를 전하는
것이다. 예수님이 누구신지, 그분이 우리를 위해 어떤 일을 하셨
는지 꾸준히 전해야 한다. 이 일은 피해서는 안 되며, 예수님을
부끄러워해서도 안 된다(마 10:32-33 참조).

하지만 복음을 전하는 것과 복음대로 사는 것을 보여 주는
건 완전히 별개의 문제다. 복음대로 사는 것을 보여 주는 일은
교회의 핵심이다. 교회가 맡은 극중 배역은 하나님이 무엇을 하
셨는지 보여 주는 것이기 때문이다. 우리는 예수 그리스도의 용
서하심을 말할 수 있지만, 교회 안에서는 예수 그리스도의 용서
하심을 확실하게 볼 수 있도록 해야 한다. 제자들의 발을 씻기신

예수님은 제자들에게 너희도 내가 한 것처럼 똑같이 하라고 말씀하셨다(요 13:14-15 참조). 세상이 예수님을 볼 수 있도록 우리도 예수님이 행하신 대로 똑같이 해야 한다.

잘 생각해 보자. 신약성경에 "서로"라는 구절이 숱하게 나온다. 신약성경 저자들은 하나님의 성품을 행동으로 보여 줌으로써 하나님께 복종하라고 그만큼이나 자주 명령한 셈이다. 혼자는 '서로'가 될 수 없으며, '마음속으로만 서로'는 안 되는 일이다. 이 '서로'는 다른 사람에게 복음을 행동으로 보여 주라고 요구하는 명령이다.

이 땅에 계시는 동안 예수님은 세상에 하나님을 드러내셨다. 그러나 현 시대에는 교회를 세우시고 우리에게 사역을 맡기시고 성령을 통해 권능을 주셨다. 더불어 잘 살아감으로써 세상에 하나님을 드러내는 것이 우리 일이다. 실제로 예수님은 주님을 따르는 이들이 하나가 되는 것이야말로 세상에 아들을 보내신 하나님이 세상에 보여 주고자 했던 것이라고 말씀하셨다. 요한복음 17장 20-23절을 보면 이 말이 과장이 아님을 알 수 있다.

세상에 하나님을 보여 주는 것은 교회의 목적이며, 결혼의 목적이기도 하다. 세상 사람들은 내가 아내를 섬기는 모습에서 그리스도가 보여 주신 겸손을 슬쩍이라도 볼 수 있다. 남편인 내가 인도하는 것을 아내가 기꺼이 따르는 걸 보는 사람은 교회가 무한한 경외와 믿음으로 주님을 따르는 것이 무엇인지 깊이 이해할 수 있어야 한다. 하나님은 세상에 예수 그리스도를 보여 주는 모델로 결혼을 창조하셨기 때문이다.

요지는, 결혼은 그저 당신의 결혼생활의 성패만이 아닌 그이상의 의미를 갖는다는 것이다. 즉 당신의 결혼을 통해 복음의 진수가 결판난다.

---◆◇◆--- **리사의 말** ---◆◇◆---

배우자를 위하는 인생 VS 예수를 위하는 인생

예수님처럼 되고 싶다고 말하는 건 아주 쉽다. 전형적인 예로 들고 싶은 예수님의 사랑, 온유함, 치유 등이 순식간에 떠오른다. 하지만 예수님처럼 된다는 것이 의미하는 것들로 겸손, 희생, 용서, 고통 같은 것들도 스쳐 간다. 예로 들기 힘들어 피하고 싶은 것들이다.

사람들은 피하려고 하지만 예수님은 자신을 따르려면 응당 치러야 할 대가라고 말씀하셨다. 수많은 군중이 주님의 말씀을 들으려고 모였을 때 주님은 많은 이가 어떤 쇼를 원하는지 이미 알고 계셨다. 그들은 "자기를 부인하고 자기 십자가를 지고 나를 따르라"라는 주님의 말씀 따위는 듣고 싶지 않았다. 자기 소유를 모두 버리지 않으면 제자가 될 수 없다는 주님의 말씀을 들을 준비가 되어 있지 않았다(눅 14:33 참조). 자신에게 열광하는 사람들을 보면서 주님은 그들이 재고하기를 바라셨다.

> 종이 주인보다 높지 않으며, 보냄을 받은 사람이 보낸
> 사람보다 높지 않다(요 13:16).

예수님의 종이면서 왜 우리는 우리 삶에 희생과 고통이 없을 거라고 가정할까? 예수님이 자기 목숨을 내려놓으셨다면 우리 역시 똑같이 그렇게 해야 한다. 주님은 따를 만한 본을 남겨 두셨다. 요한의 말을 들어 보자. "하나님 안에 있다고 하는 사람은 자기도 그리스도께서 사신 것과 같이 마땅히 그렇게 살아가야 합니다"(요일 2:6). 그리스도다운 것을 의미하는 전부를 받아들이지 않으면 그리스도인이라고 공언하는 건 아무 의미가 없다.

예수님의 말씀을 듣고 있는 군중 속의 한 사람이 되어 앉아 있다고 상상해 보라. 소문에 이끌려 갔든 절망에 빠져 갔든 당신은 예수님이 무슨 말씀을 하시는지 들으러 그 자리에 갔을 것이다. 주님의 말씀을 귀담아 들을수록, 당신의 영혼은 힘을 얻는다. 그때 돌연 주님은 이렇게 말씀하신다. "누구든지 자기 십자가를 지고 나를 따라오지 않으면, 내 제자가 될 수 없다"(눅 14:27). 당신도 그렇게 할 수 있는가?

경이로운 결혼생활을 하면서 결혼이라는 선물이 아닌 결

혼이라는 제도를 만드신 분께 시선을 둘 수 있는가? 힘겨운 결혼 생활을 꾸려나가는 동안, 의를 위해 고난당할 수 있는가? 기꺼이 그리스도를 따르며 부르심에 합당하게 살 수 있는가?(엡 4:1 참조) 당신은 예수님처럼 되라는 부르심을 받았다. 완전히 깨달을 수 없는 일을 하라고 부르신 게 아니라는 것에 감사하라. 우리는 예수님처럼 되는 것을 '느끼는' 게 아닌, 예수님처럼 '되라'는 부르심을 입었다.

왜 언제나 좋거나 강건하거나 할 수 있거나 준비되었다는 느낌이 있어야 한다고 생각하는지 모르겠다. 어떻게 해야 하는지 알면서도 결혼이든, 아니면 인생의 다른 영역이든 '느낌이 안 와서' 행동하지 않을 때가 우리는 너무 많다.

괜찮다고 생각되더라도 그 느낌은 신뢰할 만한 게 못 된다. 정말 그렇다. 감정은 자기 인식, 자기 보호, 두려움, 정서적인 느낌에서 나올 때가 너무 많다. 범퍼 스티커에 적힌 이런 문구를 본 적이 있다. '당신의 생각을 전부 믿지 마라!' 범퍼 스티커에 적힌 이야기일 뿐인데도 왠지 설득력 있게 들린다. 자신은 약하다고 생각한다. 희망이 없다고 생각한다. 하나님께 순종하기를 늘 즐겨 하고 있다고 생각한다. 하지만 그런 생각을 믿어서는 안 된다.

그러나 주님께서는 내게 이렇게 말씀하셨습니다. "내 은혜가

네게 족하다. 내 능력은 약한 데서 완전하게 된다." 그러므로
그리스도의 능력이 내게 머무르게 하기 위하여 나는 더욱더
기쁜 마음으로 내 약점들을 자랑하려고 합니다. 그러므로
나는 그리스도를 위하여 병약함과 모욕과 궁핍과 박해와
곤란을 겪는 것을 기뻐합니다. 내가 약할 그때에, 오히려 내가
강하기 때문입니다(고후 12:9-10).

정말 믿어지지 않는 일이지만 가장 약해지고 절망해 있을
때 정확하게 하나님의 은혜는 가장 충만해진다. 하나님의 강하
심을 잘 알기에 자신의 약함에 무너지지 않고 오히려 자랑하기
까지 했던 바울을 생각해 보라. 바울처럼 생각하는 태도로 우리
를 변화시켜야 한다.

우리는 약함을 수없이 인정하지만 그것을 통해 하나님이
일하신다는 것을 인정하지 않는다. 공공연히 전능하신 하나님
을 잘 안다고 말하는 너무 많은 사람이 포기하는 대목이 바로 이
부분이다. 하나님을 아는 사람에게 '나는 할 수 없어요'라는 말
은 정말 미련한 말이다. 그 말이 우리 사전에 있어서는 안 된다.
"나에게 능력을 주시는 분 안에서, 나는 모든 것을 할 수 있습니
다"(빌 4:13).

약하기 때문에 이전에 경험하지 못했던 방식으로 그리스도
께 항복할 수 있다. 또 우리의 약함을 아시는 그분께 소리칠 수

있다. 온갖 유혹을 받으셨던 그분은 미련한 짓을 그만두고 마음을 돌이켜 하나님의 방식을 따르게 하는 중심을 알고 계신다.

> 우리의 대제사장은 우리의 연약함을 동정하지 못하시는 분이 아닙니다. 그는 모든 점에서 우리와 마찬가지로 시험을 받으셨지만, 죄는 없으십니다(히 4:15).

우리가 약할 때 하나님은 강하시다. 포기하고 싶을 때, 하나님은 믿는다는 게 어떤 것인지 보여 주신다.

복음의 핵심은 승리에 있다. 심판을 넘어서는 승리. 죽음을 이기는 승리. 죄를 사하는 승리.

중요한 이야기다. 좌절한 경험이 많은 이들이 서둘러 이 책을 덮어 버릴까 봐 걱정스럽기는 하다. 그런 사람일수록 자기도 모르게 승리가 가능한 일이라는 걸 믿지 않으려는 경향이 강하다. 복음의 빛 가운데서 생각하고 행동하고 반응하는 것은 저마다의 선택이다. 사실 결혼은 둘 중 한 사람이 다른 선택을 하면서 복음을 거부해서 실패할 수도 있다. 하지만 어느 한쪽이 복음을 선택해서 결혼이 훨씬 더 나아질 가능성도 있다. 최종 승리는 당신이 모든 것을 감내하고라도 예수 그리스도를 예배하는 것이며, 당신의 양심이 그분의 존재 앞에서 흔들리지 않는 것이다.

자기에 대한 죄인들의 이러한 반항을 참아내신 분을 생각하십시오. 그리하면 여러분은 낙심하여 지치는 일이 없을 것입니다. 여러분은 죄와 맞서서 싸우지만, 아직 피를 흘리기까지 대항한 일은 없습니다(히 12:3-4).

참으로 보기 좋은 성령 충만한 사람들 중에도 결혼생활에서 마음의 깊은 상처를 겪고 있는 이들이 있다. 구원자 되신 그분과는 한없이 친밀함을 나누면서도 결혼생활에서는 고통, 용서, 겸손의 문제로 씨름을 벌이는 모습을 수없이 보았다. 바울은 이렇게 말한다. "선한 일을 하다가, 낙심하지 맙시다. 지쳐서 넘어지지 아니하면, 때가 이를 때에 거두게 될 것입니다"(갈 6:9). 예수 그리스도의 사랑을 나타내면서 열매 있는 삶을 사는 경이로운 사람들을 실제로도 많이 보았다. 기쁨과 평화로 가득한 그들의 삶은 하나님의 은혜가 그들에게 족하다는 살아 있는 간증과 같았다.

하나님의 사람들에게서 복음의 권능과 승리가 살아 움직이는 것을 진심으로 보고 싶다. 우리는 하나님을 과소평가해서는 안 된다. 베드로의 지적을 귀담아 들어 보자. "하나님께서는, 우리가 그를 앎으로 말미암아 생명과 경건에 이르게 하는 모든 것을, 그의 권능으로 우리에게 주셨습니다"(벧후 1:3). 그렇다. 그리스도께 등을 돌리면, 약한 우리는 죄를 짓게 된다. 그러나 그리스도께 붙어 있으면, 경건한 삶을 살아가는 데 필요한 모든 것을 얻을 수 있다. 베드로는 이렇게 말한다.

> 그러므로 여러분은 열성을 다하여 여러분의 믿음에 덕을
> 더하고, 덕에 지식을 더하고, 지식에 절제를 더하고, 절제에
> 인내를 더하고, 인내에 경건을 더하고, 경건에 신도간의
> 우애를 더하고, 신도간의 우애에 사랑을 더하도록 하십시오.
> 이런 것들이 여러분에게 갖추어지고, 또 넉넉해지면,
> 여러분은 우리 주 예수 그리스도를 아는 일에 게으르거나
> 열매를 맺지 못하는 사람이 되지 않을 것입니다(벧후 1:5-8).

예수님을 아는 일에 게으르거나 열매를 맺지 못할 수 있다. 그러나 나는 예외였으면 좋겠다. 당신도 같은 마음이었으면.

그리스도를 점점 더 닮아 가는 유일한 방법은 그리스도를 따르는 시간과 노력을 더욱 늘려 가는 길 외에는 없다. 기도하는 시간을 대폭 늘려라. 물론 쉽지 않은 일이다. 지금 당장 끝내야 할 일이 산더미라는 걸 나도 잘 안다. 가끔 육체의 지배에서 완전히 벗어나는 순간이 있었으면 하고 바랄 때가 있다. 그러면 하루나 이틀 동안, 아니 한 주간 정도는 예수님과 함께 꿈같이 행복한 시간을 보낼 수 있을 텐데! 하지만 내적 갈등은 불쑥 찾아온다. 성령과 멀어질수록 영적으로 더 약해진다. 예수님처럼 되

려면 주님께 딱 붙어 있어야 한다. 아울러 예수님이 말씀하신 일도 기억해야 한다.

> 내 계명은 이것이다. 내가 너희를 사랑한 것과 같이, 너희도 서로 사랑하여라. 사람이 자기 친구를 위하여 자기 목숨을 내놓는 것보다 더 큰 사랑은 없다. 내가 너희에게 명한 것을 너희가 행하면, 너희는 나의 친구이다(요 15:12-14).

예수님이 십자가에서 이루신 사랑은 그분께도 결코 쉬운 일이 아니었으며, 고통이 없었던 것도 아니다. 예수님도 끔찍이 힘들어하셨고, 오죽했으면 하나님 아버지께 다른 길이 있으면 보여 달라며 번민하셨을까. 위대한 사랑은 그만한 대가를 요구한다. 사랑이 넘치는 결혼을 원하지만, 그것을 이루기 위한 최선의 방법, 즉 복음을 진정으로 보여 주는 일은 잊고 사는 것 같다. 남편 또는 아내를 위하는 인생을 내려놓으라. 오직 절대적으로 그리스도를 위한 인생을 살라.

그리스도를 위해 기꺼이 죽을 준비가 되어 있는가? 예수님은 지금도 이렇게 말씀하신다. "나를 따라오려는 사람은, 자기를 부인하고, 날마다 자기 십자가를 지고, 나를 따라오너라"(눅 9:23).

인생의 에너지를 어떻게 쓸 것인가

인생은 예수님에 대한 것이다. 땅에서는 우리 이야기가 아니라, 예수님 이야기를 풀어내야 한다. 땅에서는 우리 이야기가 아니라 그분의 이야기를 살아야 한다.

> 여러분은 내일 일을 알지 못합니다. 여러분의 생명이
> 무엇입니까? 여러분은 잠깐 나타났다가 사라져 버리는
> 안개에 지나지 않습니다(약 4:14).

그렇다면 인생의 에너지를 어떻게 쓸 것인가? 결혼이라 부르는 에너지의 1인분을 어떻게 쓸 것인가? 사는 동안 결혼 문제에만 매달려 있을 것인가? 아니면 오직 영광을 받기에 합당하신 한 분 하나님께만 전력을 기울일 것인가? 우리는 하나님의 이야기에서 분명 어떤 배역을 맡고 있다. 결혼생활도 그 극의 일부다. 하지만 인생이든 결혼이든 하나님의 영광을 위해 쓰지 않는다면 그것은 완전히 가치 없는 일이다.

사랑이 많으시고 전능하신 하나님은 나를 버리지 않고 구원하셨다. 하나님께 이끌어오기 위해 그분은 나를 위해 십자가에서 생명을 버리셨으며, 이제는 성령으로 나를 충만하게 하신다. 어느 날 나는 영광스럽게 영원히 계실 주님께 불려갈 것이

다. 그전까지 나는 이곳에서 다른 이들에게 하나님의 이야기를 하는 임무를 수행한다. 이 진리로 인해 내 인생은 진리를 믿지 않는 사람들과는 확연히 구별된다.

예수 그리스도는 우리로 하여금 "생명을 얻고 또 더 넘치게 얻게 하려고"(요 10:10) 오셨다. 우리는 그분의 풍성한 생명으로 넘치도록 채워진다. 다른 이들에게 나눠 줄 만큼 아주 충분하다. 결혼도 그와 똑같다. 그리스도 안에서 자신의 정체성을 찾고 그에 걸맞은 일들을 하고, 성령의 열매가 넘쳐나야 한다. 그럴 때 우리는 비로소 사랑과 기쁨과 화평과 인내와 친절을 배우자에게 쏟을 수 있다.

주님이 넘치도록 채워 주시므로 다른 사람이 내 필요를 채워 주지 않는다고 불평할 필요가 없다. 주님은 우리가 다룰 수 있는 그 이상의 선한 것들을 주신다. 우리가 받은 복으로 다른 사람들을 복되게 하는 일에 우리 삶을 드리면 그만인 것이다.

주님은 나의 목자시니, 내게 부족함 없어라(시 23:1).

부부가 함께하는
예수 제자 훈련

지금까지 매우 포괄적인 이야기를 해 왔다. 결혼생활을 꾸려 가는 방법에 대해 아주 구체적인 지침을 주지는 않았지만, 복음이 결혼생활을 어떻게 바꿀 수 있는지에 대해서는 많은 생각거리를 제안했다. 자, 이제 당신이 반응할 차례다!

하나님과 마주 앉아 시간 보내기

: 방해받지 않는 곳에서 하나님의 임재 안에 조용히 머물러 있으라.

: 결혼생활에서 무엇을 두려워하는지 하나님께 솔직하게 털어놓으라. 과거에 지은 죄도 좋고 하나님을 신뢰하지 않았던 마음도 괜찮다. 마음 편히 털어놓으라.

: 복음의 능력과, 당신이 약할 때 강하신 주님에 대해 감사하는 시간을 가지라.

: 변화시켜 주시는 하나님의 은혜에 감사하라.

☙ 복음 목록 만들기

: 예수님이 당신을 위해 하신 일이 무엇인지 목록을 만들어 보라. 예수님은 무슨 일을 하셨는가? 거기에는 어떤 의미들이 함축되어 있는가? 예수님이 하신 일로 말미암아 당신의 인생은 어떻게 변화되었는가? 짧은 몇 마디로는 아마 부족할 것이다.

: 당신의 결혼생활에서 복음으로 변화되어야 할 부분을 적어 보라. 예수님이 희생으로 본을 보여 주신 일이 당신의 배우자와 관련해 당신에게는 어떤 영향을 주는가? 성령의 은사들은 당신의 결혼생활에 어떤 활력을 불어넣는가? 이상적인 큰 그림(예를 들면, '섬기기 싫을 때 이 은사는 나에게 섬길 힘을 준다')과 구체적인 실천 요강(예를 들면, '배우자가 _____ 할 때, 이 은사로 인해 나는 보다 상냥하게 말할 수 있다')을 모두 적어 보라.

3

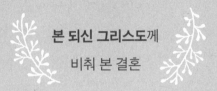

본 되신 그리스도께
비춰 본 결혼

부부싸움에서 이길 것인가,
예수를 닮을 것인가

'예수님처럼 되고 싶다'는 마음보다
'내가 옳다'는 생각이 클 때 언성은 높아진다.

그리스도인들은 "당신 사는 걸 보면 꼭 예수님 같아"라는 말을 듣는 일이 정말 필요한 시대에 살고 있다. 그 당연한 것이 이렇게 드문 일이 되었다니 기가 막힐 일이다. 더 환장할 노릇은 실제로 사람들이 이런 생각을 놓고 논쟁을 벌인다는 것이다. 소위 '그리스도인'이라는 사람들이, 고난 받는 종으로 사셨던 그분을 따른다고 하면서 왕처럼 대접받으며 살아야 하는 이유를 설명해 대기에 이르렀다.

이런 판국에 '그리스도인이라면 그리스도를 닮아야 한다'라는 (도저히 믿기 어려운) 내 주장이 순순히 먹혀들 거라고는 기대하지 않는다. 신약성경을 읽는다면 당신이 결론을 내 보라고 하고 싶다.

이것은 딱히 새로울 것도 없는 논의라고 생각하는 게 속 편하다. 요한은 믿는 사람들에게 이 점을 환기시킬 필요를 느꼈다. "하나님 안에 있다고 하는 사람은 자기도 그리스도께서 사신 것과 같이 마땅히 그렇게 살아가야 합니다"(요일 2:6). 바울 역시 이 문제에 직면했을 때 자칭 '사도들'이란 이들이 부와 영예를 누리는 것을 좋아하자, 자신은 그리스도처럼 고난 받는 쪽에 섰다. 바울은 고린도에 있는 신자들에게 "내가 그리스도를 본받는 사람인 것과 같이, 여러분은 나를 본받는 사람이 되십시오"(고전 11:1)라고 청했다.

바울이 빈정대며 말하는 내용에 주목해 보라. 그는 자신과 예수님의 본을 따른다고 하는 다른 사도들이 얼마나 다른지 설명한다. 거짓 교사들처럼 화려하게 사는 것을 좋아하는 고린도 신자들과 그들의 모습을 비교해 보라고 말한다.

> 여러분은 벌써 배가 불렀습니다. 벌써 부자가 되었습니다.
> 우리를 제쳐 놓고 왕이나 된 듯이 행세하였습니다. 여러분이
> 진정 왕처럼 되었으면, 좋겠습니다. 그렇게 하여 우리도
> 여러분과 함께 왕 노릇 하게 되면, 좋겠습니다. 내가
> 생각하기에, 하나님께서는 사도들인 우리를 마치 사형수처럼
> 세상에서 가장 보잘것없는 사람들로 내놓으셨습니다. 우리는
> 세계와 천사들과 사람들에게 구경거리가 된 것입니다.
> 우리는 그리스도 때문에 어리석은 사람이 되었지만, 여러분은

그리스도 안에서 지혜 있는 사람이 되었습니다. 우리는 약하나, 여러분은 강합니다. 여러분은 영광을 누리고 있으나, 우리는 천대를 받고 있습니다. 우리는 바로 이 시각까지도 주리고, 목마르고, 헐벗고, 얻어맞고, 정처 없이 떠돌아다닙니다. 우리는 우리 손으로 일을 하면서, 고된 노동을 합니다. 우리는 욕을 먹으면 도리어 축복하여 주고, 박해를 받으면 참고, 비방을 받으면 좋은 말로 응답합니다. 우리는 이 세상의 쓰레기처럼 되고, 이제까지 만물의 찌꺼기처럼 되었습니다. …… 그러므로 나는 여러분에게 권합니다. 여러분은 나를 본받는 사람이 되십시오(고전 4:8-13, 16).

바울은 예수님을 따른다는 것은 진짜로 예수님처럼 된다는 걸 의미한다는 사실을 분명히 했다. 교회는 예수님을 본받을 필요 없이 '예수님을 따른다'(following Christ)라는 새로운 용어를 개발해 내는 데 너무 많은 에너지를 쏟아붓고 있다. 예수님은 당신이 누려야 할 것들을 내동댕이치셨지만 우리는 우리가 누려야 할 것들을 위해 싸워야 한다고 가르친다. 예수님은 검소한 삶을 사셨는데도 우리는 좀 더 화려하게(듣기 좋은 말로 '좀 더 편안하게'라는 단어를 종종 쓰면서) 살 권리가 있다고 가르친다. 심지어 예수님은 세상으로부터 거부당하셨는데도 우리에게는 유행에 민감하라고 한다. 예수님이 트위터를 하셨다면 얼마나 많은 팔로워가 있었을지 생각해 보라. 예수님의 페이스북 글이 얼마나 많은 '좋아요'를 받았을지도 생각해 보라.

> 세상이 너희를 미워하거든, 세상이 너희보다 먼저 나를 미워하였다는 것을 알아라. …… 내가 너희에게 종이 그의 주인보다 높지 않다고 한 말을 기억하여라. 사람들이 나를 박해했으면 너희도 박해할 것이요(요 15:18, 20).

그래도 믿을 수가 없다면 다음 성경 구절들을 찾아보라. 마태복음 7장 13-23절, 8장 18-22절, 10장 16-39절, 19장 23-30절, 25장 31-46절, 마가복음 8장 34-38절, 10장 24-45절, 13장 9-13절, 누가복음 6장 20-49절, 9장 21-27절, 12장 49-53절, 13장 22-30절, 14장 26-35절, 17장 22-37절, 18장 18-30절, 21장 10-19절, 요한복음 6장 52-69절, 15장 18-25절, 16장 1-4절, 33절.

예수님은 그분이 당할 고난뿐만 아니라, 그분을 따르는 사람들이 겪게 될 고난도 말씀하셨다. 사도행전을 읽어 보면 예수님이 말씀하신 대로 초기 그리스도인들이 고난당했음을 알 수 있다. 그들이 이러한 박해를 예상하지 못했던 건 아닌 것으로 보인다. 아니, 오히려 그들은 자신들이 당하는 고난을 예수님의 고난에 비추어 생각했다(벧전 3:13-18 참조). 베드로는 그런 일이 생기리라는 것을 알고 있으라고 당부한다.

사랑하는 여러분, 여러분을 시험하려고 시련의 불길이 여러분 가운데 일어나더라도, 무슨 이상한 일이나 생긴 것처럼 놀라지 마십시오. 그만큼 여러분은 그리스도의 고난에 동참하는 것이니, 기뻐하십시오. 그러면 그의 영광이 나타날 때에 여러분은 또한 기뻐 뛰며 즐거워하게 될 것입니다(벧전 4:12-13).

사도행전에서 요한계시록까지, 사도들은 이와 똑같은 지침을 거듭 확인하고 있음을 알 수 있다. 신약을 통틀어 핵심은 명료하다. 그리스도를 따르는 이들은 그리스도를 본으로 삼아야 한다. 그리고 하나님은 성령이라는 값을 따질 수 없는 큰 선물을 주셨기 때문에 우리에게는 그리스도처럼 될 수 있는 능력과 소원도 함께 주어졌다. 문제는 진심으로 우리가 그리스도처럼 되는 것을 원하는가, 그렇지 않은가 하는 것이다.

하나님과 맞서는 일보다 최악은 없다

이 책에서 예수님이 가지신 성품을 모두 다룰 시간은 없으므로, 딱 하나만 집중해서 살펴보고 싶다. 아내와 나는 예수님의 모든 성품 중 단연 압권이라고 할 수 있는 '겸손'이 건강한 결혼생활의 핵심이라고 생각한다. 남편과 아내가 예수님의 겸손을 본받는 것을 목표로 삼는다면, 모든 일은 겸손을 중심으로 돌아가게 된다.

겸손은 아주 간단하다. 예수님처럼 되고 싶다는 마음보다 자신이 옳다는 생각이 클 때 언성은 높아진다. 의견 충돌이 한창일 때 눈 딱 감는 일은 매우 간단해 보인다. 하지만 죄를 짓더라도 한번 말싸움이 벌어지면 무조건 이기는 데만 혈안이 된다. 말싸움에서 승자는 대개 두 사람 중 덜 예수님스러운 사람이다.

결혼은 으레 분노와 일시적인 실패를 거치는 법. 그러므로 목표를 정해야 한다. 문제의 핵심은, 말싸움에서 이기는 것이냐, 아니면 그리스도를 닮는 것이냐. 말싸움으로 치닫고 있을 때 '난 지금 예수님스럽게 행동하고 있는가?' 자문해 봐야 한다.

승부욕이라면 나도 한 승부욕 하는 사람이다. 운동 경기에서 지면 잠을 못 이룬다. '그 대목에서 달리 대응했다면 이랬을 텐데' 하는 생각에 잠들지 못한다. 나는 정말 지는 걸 싫어한다. 말싸움에서 지면 그때 하지 못한 말들이 떠올라 정신을 못 차린다. 상대방이 아무 대꾸도 하지 못하게 만드는 결정적인 말을 던지고 나서는 혼자 속으로 쾌재를 부른다.

리사와 나의 첫 번째 말싸움은 미니 골프가 사달이었다. 우리는 전화로 금요일 밤에 무엇을 할지 상의하다가 다른 두 부부와 함께 시간을 보내기로 했고, 아내는 미니 골프를 하면 어떻겠느냐고 물었다. 그런데 나는 여섯 사람이 함께하지 않으면 그건 별로라고 말했다. 두 그룹으로 나눠서 하면 될 일을 말이다. 그 순간 아내가 대꾸했다. "진짜 별로네. 그렇죠? 말도 안 된단 말이죠?"

현명한 사람이라면 그쯤에서 그만뒀을 텐데, 나란 놈은 한 사코 세 명씩 두 팀으로 하는 것보다 여섯 명이 한 팀으로 천천히 하는 것이 더 나은 이유를 끝까지 설명해 댔다. 아내가 내 말을 이해하지 못할 뿐만 아니라 내가 틀렸다고 여긴다고 생각했기 때문이다. 한 번 더 말하자면, 진짜 똑똑한 남자라면 거기서 그만뒀어야 했다. 겸손한 사람은 승부욕 따위에 목숨 걸지 않는 법이니까. 나란 놈은 미련하고 교만한 쪽에 속했다. 심지어 나는 여섯 명의 한 팀과 세 명의 두 팀으로 경기했을 때를 비교하는 도표까지 그려 아내가 일하는 곳에 팩스로 날렸다. 정말 미성숙의 끝을 보여 줬던 것이다. 상황은 악화되었고 나는 상처뿐인 영광의 주인공이 되었다.

수년 동안 우리는 각양각색의 보드게임, 나의 뇌 사이즈, 머라이어 캐리, 산타클로스 등을 주제로 수없이 말싸움을 벌였다. 나아가 아이들의 제자훈련, 지혜로운 소비생활, 시간 관리 등에 대해서도 진지한 말싸움이 이어졌다. 엄청 많이 싸운 건 아니었지만 싸우긴 싸웠다. 인간인지라 우린 둘 다 꼭 이기려고 했다. 짐작건대, 이건 우리 부부만의 이야기는 아닐 것이다.

겸손에 대해 우리 마음 깊은 곳에 자리한 말씀은 야고보서

4장 6절이다. "하나님께서는 교만한 자들을 물리치시고, 겸손한 사람들에게 은혜를 주신다." 이 말씀은 승부에 목숨 거는 사고방식을 가지고 자란 우리 같은 사람들을 속속들이 흔든다. 이 말씀을 내팽개치고 무조건 이기고 보겠다고 하는 건 바보나 하는 짓이다. 이 말씀에 우리 뇌를 충분히 푹 담그자. 하나님은 실제로 교만한 사람들을 상대로 싸우시는 분이다. 배우자와의 싸움에서 이기더라도 네 '원수'를 싸워 이기라고 부추긴 교만은 마침내 새로운 호적수를 만나고 만다. 바로 하나님이다.

하나님과 맞서 싸우는 일보다 최악이 있을까? 하나님은 겸손한 자를 위해 싸우신다. 그분은 겸손한 이들에게 은혜를 부어 주신다. 우리는 하나같이 이기는 데 혈안이 되어 있지만, 그렇다면 하나님의 은혜를 포기하고 하나님의 반대편에 설 준비가 된 것인가? 정말 그렇다면, 그것은 정말 이긴 게 맞는가? 하나님의 은혜를 아낌없이 받는 것보다 더 좋은 것은 없고, 하나님과 맞서는 것보다 더 나쁜 일은 없다.

그리스도와 함께 십자가에 달려 죽다

세상은 매일같이 권력, 독립, 지배에 대한 메시지를 퍼붓는다. 하지만 예수님은 그와는 정반대의 말씀, 즉 네 자신을 죽이라고 말씀하신다.

> 나는 그리스도와 함께 십자가에 못박혔습니다. 이제 살고
> 있는 것은 내가 아닙니다. 그리스도께서 내 안에서 살고
> 계십니다. 내가 지금 육신 안에서 살고 있는 삶은, 나를
> 사랑하셔서 나를 위하여 자기 몸을 내어 주신 하나님의
> 아들을 믿는 믿음 안에서 살아가는 것입니다(갈 2:20).

이것은 상위 계층, 추가 혜택, 공인 받은 그리스도인에게만 해당되는 내용이 아니다. 우리가 우리 자신을 죽이고 예수 그리스도처럼 되기로 이미 서명한 내용이다.

어떻게든 영접하겠다는 고백을 받아 내려고 그리스도인들은 종종 전부를 이야기해 주지 않는다. 십자가 희생은 설명하지도 않은 채 구원으로 누리게 될 혜택만 늘어놓는 마치 싸구려 영업사원처럼 군다. 생명과 용서에 대한 예수님의 약속을 말해 주면서 회개와 순종에 대한 주님의 부르심은 싹 빼놓고 말한다. 고난을 당하게 될 거라는 예수님의 확언은 피해 간다. 그렇게 복음을 싸구려로 전락시킨다.

복음의 백미는 우리가 예수 그리스도를 얻기 위해 모든 것을 기꺼이 희생할 정도로 주님이 가장 소중하다는 사실에 있다. 주님은 너무도 아름다우셔서 주님처럼 되기를 거부하는 건 정말

미련한 일이다.

> 그때에 예수께서는 제자들에게 말씀하셨다. "누구든지 나를
> 따라오려거든, 자기를 부인하고, 제 십자가를 지고, 나를 따라
> 오너라. 누구든지 자기 목숨을 구하고자 하는 사람은 잃을
> 것이요, 나 때문에 자기 목숨을 잃는 사람은 찾을 것이다"(마
> 16:24-25).

> 그뿐만 아니라, 내 주 예수 그리스도를 아는 지식이 가장
> 고귀하므로, 나는 그 밖의 모든 것을 해로 여깁니다. 나는
> 그리스도 때문에 모든 것을 잃었고, 그 모든 것을 오물로
> 여깁니다. 나는 그리스도를 얻고, 그리스도 안에 있는
> 사람으로 인정받으려고 합니다. 나는 율법에서 생기는 나
> 스스로의 의가 아니라, 그리스도를 믿는 믿음으로 말미암아
> 오는 의 곧 믿음에 근거하여, 하나님에게서 오는 의를
> 얻으려고 합니다. 내가 바라는 것은, 그리스도를 알고, 그분의
> 부활의 능력을 깨닫고, 그분의 고난에 동참하여, 그분의
> 죽으심을 본받는 것입니다. 그리하여 나는 어떻게 해서든지,
> 죽은 사람들 가운데서 살아나는 부활에 이르고 싶습니다(빌
> 3:8-11).

세례는 그리스도와 함께 죽어서 묻히는 것을 의미한다. 부활이라는 그림으로 본다면 그리스도인은 세례 받을 때 물에서 일어선다. 무덤에서 일어나 새로운 생명으로, 새로운 신분으로 옮겨지는 것을 의미한다(롬 6:1-10 참조). 당신이 안고 있는 문제는 당신이 죽지 않았다는 것이다. 당신 자신은 진실로 절대 죽은 적이 없다. 생기라고는 전혀 찾아볼 수 없는 채 당신 몸이 십자가에 매달려 있는 모습을 그려 보라. 이것이 바로 그리스도께 속한 사람들에게는 일어난 일이라고 바울은 단언한다. "우리의 옛사람이 그리스도와 함께 십자가에 달려 죽은 것은"(롬 6:6).

이것이야말로 우리가 서명하고 참예한 일이다. 더는 우리 자신을 위해 살지 않겠다고 우리는 하나님께 말씀드렸다. 그분께 모든 것을 맡기기를 원했다. 정말로 우리는 주인을 갈망했다. 에덴 동산의 아담과 하와와 달리, 우리는 하나님의 법에 순종하기를 원했다. 기쁜 마음으로 하나님께 두 손 들고 나아갔다. 우리 생명이 그분의 것이 되는 것을 기꺼이 좋아했다.

> 여러분은 **이미 죽었고**, 여러분의 생명은 그리스도와 함께 하나님 안에 감추어져 있습니다. **여러분의 생명이신 그리스도**께서 나타나실 때에, 여러분도 그분과 함께 영광에 싸여 나타날 것입니다(골 3:3-4, 굵은 글씨는 저자 강조).

제대로 통역하고 있는가

수년 전, 브라질에서 통역을 대동하고 설교를 하고 있던 중이었다. 그런데 나의 말이 통역된 후에 사람들이 웃음을 터트렸다. 보통 때 같으면 괜찮은 반응이었겠지만, 이번에는 이상했다. 내가 한 이야기는 전혀 웃기는 내용이 아니었기 때문이다. 통역에 뭔가 심각한 오류가 생긴 게 틀림없었다. 그때 언뜻 스치는 생각이 있었다. 이 통역이 지금 어떤 말을 하더라도, 나는 그 차이를 알지 못한다. 그는 내 이야기를 가지고 자신이 하고 싶은 말을 할 수도 있는데, 나는 전혀 알 수 없다니!

때로 우리는 미쳐 날뛰는 통역자들이 되기도 한다. 그리스도처럼 행동하며 세상에 주님의 메시지를 전하는 것이 우리가 해야 할 일의 전부인데, 그 대신 내가 하고 싶은 일을 하고 내가 하고 싶은 말을 한다. 우리는 하나님을 위해 통역하라는 부르심을 받았다. 우리는 그분을 대신하고 그분을 대리해 말하는 사람들이다.

> 그러므로 우리는 그리스도의 사절입니다. 하나님께서는
> 우리를 시켜서 여러분에게 권고하십니다. 우리는 그리스도를
> 대리하여 간청합니다. 여러분은 하나님과 화해하십시오(고후
> 5:20).

천둥 같은 하늘의 목소리로 말하기보다, 하나님의 대사로 말하게 하기 위해 하나님은 우리를 택하셨다. 하나님이 전하고자 하는 메시지를 소리쳐 외치는 광고판으로 결혼을 선택하셨다. 하나님을 반듯하게 대변하기 위해 결혼생활을 가꾸라고 우리를 부르신 것이다.

결혼을 다룬 가장 유명한 말씀은 에베소서 5장에 있다. 결혼의 관계를 설명하면서 예수 그리스도와 교회의 관계를 통해 보여 준 것도 바로 여기에 나온다. 결혼에서 남편과 아내의 역할을 기술한 부분이기도 하다. 논의의 여지가 있는 부분도 있다. 결혼생활에서 남편과 아내의 역할에 대한 서술을 문자적으로 받아들이는 부류가 있고, 그와 같은 명령은 당시의 문화적 독특성이므로 이 시대에는 적용할 수 없다고 생각하는 이들도 있다.

신학교에서 터득한 사실은 모든 주제에 그렇게 양면성이 있다는 것이다. 나보다 훨씬 탁월한 학자들도 의견이 둘로 나뉘었다. 내가 할 수 있는 최선은 연구하고 기도하고 내 마음을 점검하고 결정하는 것이었다. 내 목표는 하나님 앞에서 이렇게 말하는 것이다. '이 말씀을 두고 기도했고 연구했습니다. 제 맘대로 하고 싶어 하는 생각을 무시하려고 애썼고, 제멋대로 해석하지 않으려고 노력했습니다. 이 말씀이 의미하는 바를 믿었기에 최선을 다해 그렇게 살려고 했습니다.' 겸허히 내 생각을 멈추고, 더 많은 연구와 기도와 마음 점검을 통해 미래의 어느 순간에는 더 나은 해석을 하나님이 주실 것이라 믿었다.

아내와 나는 수년 동안 이 말씀과 관련된 주제를 공부하면서, 이 말씀을 문자적으로 받아들이고 그 말씀에 따라 사는 것만이 우리에게는 최선이었다. 하나님은 남편들에게 겸손하게 가정을 이끌며, 아내들에게는 헌신적으로 섬기라고 부르셨다. 남편은 아내가 하나님을 만날 수 있도록 아내를 도와야 한다. 아내는 남편을 따르며 남편이 주님을 좇아 살 수 있도록 격려하는 부르심을 받았다.

이 명령에 순종하는 것은 하나님이 정하신 리더십을 따르는 것이 얼마나 멋진 일인지 세상에 드러내는 좋은 기회가 될 것이다. 우리는 대부분의 사람들이 권위를 인정하지 않고 싫어하는 시대를 살고 있다. 예수님의 주인 되심 앞에 엎드리는 것은 죽기보다 싫어하는 분위기다. 적나라하게 추악한 '그리스도인'들의 결혼생활이 너무 많다는 사실에 깜짝 놀란다. 나아가 그리스도인의 결혼생활이 아래 적은 성경 말씀을 아름답게 그대로 보여 준다면 어떤 변화가 생길지 자못 궁금하다.

아내 된 이 여러분, 남편에게 하기를 주님께 하듯 하십시오.
그리스도께서 교회의 머리가 되심과 같이, 남편은 아내의
머리가 됩니다. 바로 그리스도께서는 몸의 구주이십니다.
교회가 그리스도께 순종하듯이, 아내도 모든 일에 남편에게

순종해야 합니다.

남편 된 이 여러분, 아내를 사랑하기를 그리스도께서 교회를
사랑하셔서 교회를 위하여 자신을 내 주심같이 하십시오.
그리스도께서 그렇게 하신 것은, 교회를 물로 씻고, 말씀으로
깨끗하게 하여서, 거룩하게 하시려는 것이며, 티나 주름이나
또 그와 같은 것들이 없이, 아름다운 모습으로 교회를 자기
앞에 내세우시려는 것이며, 교회를 거룩하고 흠이 없게
하시려는 것입니다. 이와 같이, 남편도 아내를 자기 몸과
같이 사랑해야 합니다. 자기 아내를 사랑하는 것은 곧 자기를
사랑하는 것입니다. 자기 육신을 미워한 사람은 없습니다.
누구나 자기 육신을 먹여 살리고 돌보기를 그리스도께서
교회를 그렇게 하시듯이 합니다. 우리는 그리스도의 몸의
지체입니다. 그러므로 사람이 부모를 떠나 자기 아내와
합하여 그 둘이 한 몸이 되는 것입니다. 이 비밀은 큽니다.
나는 그리스도와 교회를 두고 이 말을 합니다. 그러므로
여러분도 각각 자기 아내를 자기 몸같이 사랑하고, 아내도
자기 남편을 존중하십시오 (엡 5:22-33).

이 말씀은 남편과 아내 모두에게 해당된다. 남편을 향해 말
하는 부분은 내가 살펴볼 것이고, 아내를 향한 대목은 리사가 추
가해서 이야기해 볼 참이다.

아내가 홀로 하나님을 만날 수 있게 돕는 남편

'남편 된 이 여러분, 아내를 사랑하십시오.' 어떻게? '그리스도께서 교회를 사랑하셔서 교회를 위하여 자신을 내 주심같이 하십시오.' 그렇다면 나는 어마어마한 임무를 부여받은 셈이다. 내가 예수님이라고 가정해야 한다. 나의 사랑을 받으면서 리사는 그리스도께 사랑받고 있다고 느껴야 한다. 나이가 들어갈수록 아내는 마치 자신이 예수님과 결혼했다는 생각이 점점 깊어져야 한다. 더없이 이타적인 나를 보면서 아내는 십자가를 떠올릴 정도가 되어야 한다. 아내가 나의 신실함을 의심할 한 치의 이유도 없을 만큼 까다로운 수준의 순결함을 지녀야 한다. 예수님이 거짓말 하시는 건 꿈에서조차 생각할 수도 없는 것처럼, 아내는 내가 했던 서약이 견고하게 지켜지고 있다는 확신을 가져야 한다.

성경에 나오는 남편과 아내의 역할을 따져 보면 남편 쪽 역할이 훨씬 더 쉬워 보인다는 말을 수년에 걸쳐 몇몇 여성들로부터 들었다. 정말 그럴까? 내가 읽은 바로 그 성경 구절을 당신도 읽었는데 정말 그러한가? 아내에게 이러저러하게 하라는 바울의 지침을 실천하는 일이 나는 정말 어렵다. "그리스도께서 교회를 사랑하셔서 교회를 위하여 자신을 내 주심같이" 사랑하라는 명령이 결코 쉽지 않다. 남편들이 해야 할 역할도 실현 불가능한 일처럼 보인다. 성령이 계시지 않았더라면 정말 불가능한지도 모른다. 성령을 주신 하나님께 감사드린다.

성경은 남성들에게 아내를 그리스도께서 교회를 사랑하신 것 같이 사랑하라고 말한다. 곰곰이 생각해 보라. 예수님은 하늘 보좌에 앉아 느낀 대로 말씀하신 게 아니다. 그분의 사랑은 말과 느낌 그 이상이었다. 예수님은 모든 것을 행동으로 보여 주셨다. 죽음까지도 그러했다.

당신이 태어나기 전부터 주님은 당신을 주구장창 따라다니셨다. 당신을 위해 하늘의 영광과 편안함을 포기하셨다. 당신을 위해 온갖 고문과 조롱을 참아 내셨다. 당신을 위해 하늘 아버지의 진노를 대신 감당하셨다. 당신을 위해 무시무시한 고통을 견뎌 낼 만큼 당신을 사랑하는 사람은 세상 천지에 없다. 그분은 그저 하늘 보좌에 앉아서 당신을 말로 성토하신 것이 아니다. 그분은 끈질기게 당신을 따라다니셨다.

그래서 주님은 남편들에게 그분이 본을 보인 대로 하라고 말씀하신다. 상처받지 않고 그리스도의 사랑을 보여 줄 방법은 없다. 예수님은 교회를 위해 '자신을 주셨다.' 이는 주님의 죽음을 말한다. 주님은 신부인 교회를 위해 자신의 전부를 내놓았다.

지금 글을 쓰면서도 이 기준에서 나는 얼마나 턱없이 부족한지 뒤통수를 한 대 맞은 기분이다. 정말 이대로 살았다면 과연 어떤 모습일지 상상해 보았다. 그리스도인의 삶에 충실하다 보면 더러 점점 쉬워지는 것도 있지만, 이것은 절대로 그렇지 않다. 내가 과연 꾸준히 이타적이며 헌신적으로 살 수 있는지 종종 의심스럽다. 왜냐하면 매 순간 나 자신을 죽여야 하기 때문이다. 두말할 것도 없이 예수님의 기준은 초인적인 것이며, 에베소서 5장 25절 말씀 같은 명령 앞에서 우리는 한없이 주눅 들고 만다.

이것이 내가 지속적으로 성령의 권능을 스스로 곱씹는 이유다. 이 소명에는 초인적인 강인함이 요구되며, 하나님은 성령을 통해 그것을 우리에게 공급해 주신다.

문제는 아내를 위해 내가 하는 일의 상당 부분은 십자가에 비해 너무 하찮게 보인다는 것이다. 기저귀를 갈고 허드렛일을 하고 아내가 해 준 음식을 기쁘게 먹는 일은 십자가 희생과 비교해 보면 중요하지 않은 것처럼 보인다. 당황스러운 건 이런 일을 하는 데도 엄청 수고가 필요하다는 것이다. 어쩌면 뭔가 거창한 일은 좀 더 쉬워 보일 수도 있겠다. 예를 들자면 아내 대신 총알을 맞는 것 같은. 아니면 기차가 오는 줄도 모르고 철길을 따라 걷는 아내를 밀쳐 내는 일 같은(리사는 철길 위에서 노는 걸 좋아하니까). 그러려면 나는 가장 멋진 희생을 보여 주기 위해 용기를 내야 할지도 모른다.

그러나 좀 더 거시적으로 생각해 볼 필요가 있다. 크든 작든 희생에 대한 이야기는 아니다. 문제는 성품이다. 나 자신을 내려놓고 끊임없이 타인을 생각하는 일 말이다. 즉 예수님처럼 되는 이야기다. 예수님이 몸소 희생하셨던 이유가 무엇인지 기억해야 한다.

> 그리스도께서 그렇게 하신 것은, 교회를 물로 씻고, 말씀으로
> 깨끗하게 하여서, 거룩하게 하시려는 것이며, 티나 주름이나
> 또 그와 같은 것들이 없이, 아름다운 모습으로 교회를 자기
> 앞에 내세우시려는 것이며, 교회를 거룩하고 흠이 없게
> 하시려는 것입니다(엡 5:26-27).

예수님은 왜 교회를 위해 자신을 드리셨는가? 예수님은 하나님을 만날 수 있도록 우리를 준비시키신다. 그분의 희생이 없었다면 우리가 마주해야 할 결과는 너무나 끔찍하다. 하나님은 죄로 얼룩진 우리 모습을 보시고 소름 끼치는 종말을 처분하셨을 것이다. 하지만 예수님이 모든 것을 완전히 바꾸셨다. 주님은 우리를 '거룩하고 흠이 없는' 모습으로 하나님 앞에 세우기 위해 그분 자신을 희생하셨다. 주님이 하실 수 있는 최고의 사랑이었다.

예수님은 십자가에서 이미 당신 아내의 죄를 짊어지셨지만, 당신은 여전히 아내를 현실적으로 책임지고 있다. 아내가 성화에 이를 수 있도록 당신은 아내를 위해 사랑하고 이끌고 희생해야 한다. 당신이 할 수 있는 최고의 사랑은 아내가 예수님과 더욱 가까워지도록, 그래서 주님처럼 되도록 아내를 이끄는 것이다.

사실, 이것은 아내가 홀로 하나님을 만날 수 있도록 돕는 것을 의미한다. 아내가 확실히 자기 시간을 가질 수 있도록 희생하라. 이것은 아내로 하여금 세상에 속한 것이나 세상을 사랑하지 않도록 환기시키는 것을 의미한다. 아내가 자신의 중심을 영원한 것에 두게 하라. 그것은 영원한 상급을 받을 수 있는 사랑을 실천하도록 아내를 이끄는 것을 뜻한다. 남편들이여, 이런 식으로 남편으로서의 자기 역할을 생각해 보았는가? 이렇게 남편이 맡은 역할은 실로 어마어마하다.

자신을 그리스도로 가득 채우는 남편

나는 자기중심성이 굉장히 강한 사람이다. 오로지 나 자신에게만 고도로 집중하면서 며칠씩 보내기도 한다. 에베소서 5장은 우리가 얼마나 자기 좋은 일에 민감한지 아주 흥미롭게 설명하고 있다. 바울은 자기 몸을 사랑하듯 아내를 사랑하라고 말한다(28-29절 참조). 제 몸을 '먹여 살리고 돌보는' 일은 일일이 신경쓸 필요가 없다. 그냥 자연스럽게 이루어지는 일이다. 바울의 비유는 남편들이 생각하는 자기 자신의 연장선에 아내가 있다고 말한다.

이어서 바울은 꽤 흥미로운 발언을 한다. 너무 충격적이라 믿어지지 않을 정도다. 이 말씀을 전심으로 믿을 만한 믿음을 주시기를 나는 계속 기도하고 있다. 이 말씀의 논리를 따라가 보자.

> 이와 같이, 남편도 아내를 자기 몸과 같이 사랑해야 합니다.
> 자기 아내를 사랑하는 것은 곧 자기를 사랑하는 것입니다.
> 자기 육신을 미워한 사람은 없습니다. 누구나 자기 육신을
> 먹여 살리고 돌보기를 그리스도께서 교회를 그렇게 하시듯이
> 합니다. 우리는 그리스도의 몸의 지체입니다(엡 5:28-30).

남편은 왜 아내를 자기 몸처럼 사랑해야 하는가? 그리스도가 우리를 위해 그렇게 하셨기 때문이다. 그분은 우리가 "그리스도의 몸의 지체"이기 때문에 우리를 "먹여 살리고 돌보신다." 똑똑히 새겨들어야 할 대목이다. 내가 내 몸을 챙기는 것처럼 예수님은 나를 챙기신다. 이 말에 푹 잠겨 보라. 믿어지는가? 하나님의 아들이 자기 몸의 일부처럼 우리를 챙긴다는 것이 믿어지는가? 그렇다면 정말 좋아서 팔짝팔짝 뛰지 않을 수 없다. 평생 이 말씀처럼 살고, 이 놀라운 진리를 주신 하나님께 감사하라.

이 진리를 마음 깊이 믿으며 묵상해 보면 다윗이 그렇게 노래한 이유를 이해할 수 있다. "주님은 나의 목자시니, 내게 부족함 없어라"(시 23:1). 다윗은 아무것도 필요하지 않았다. 우리 역시 마찬가지다. 그런데도 무엇이 부족하다고 말하는 남편은 최

악이다. 예수님이 그분 자신의 몸처럼 우리를 돌보시는데, 더 필요하다고 말할 게 무엇이란 말인가? 그래서 다윗은 이렇게 고백했다. "내 잔이 넘칩니다"(시 23:5).

당신은 무언가 필요한 사람인가? 아니면 잔이 넘친다고 고백하는 사람인가? 그리스도 안에서 누리는 풍성함을 묵상하면 우리는 그 풍성함을 다 담아낼 수가 없다. 너무 많이 먹어서 한 입도 더 먹을 수 없었던 명절 만찬을 생각해 보라. 나는 너무 배부르니까 당신들은 음식 남기지 말고 좀 더 먹으라고 말했던 적이 있을 것이다. 우리 삶이 그러해야 한다. 우리는 그리스도로 꽉 차 있다. 아니, 차고 넘친다. 그래서 주변 사람들에게 가서 사랑, 평화, 기쁨, 생명의 풍성함을 나눈다.

결혼의 청사진은 이런 것이다.

1. 우리를 향한 그리스도의 사랑이 우리에게 차고 넘친다.
2. 우리는 하나님께 받은 그 사랑을 아내에게 쏟아 붓는다.
3. 아내를 향한 우리의 대단한 사랑을 보고 사람들이 놀란다.
4. 마침내 우리를 그렇게 만든 그리스도의 사랑을 말해 줄 기회를 얻는다.

슬프게도 이렇게 사는 부부를 눈 씻고 찾아봐도 없다. 그리스도인의 결혼생활을 살펴보고 감탄하는 사람은 거의 없다. 그저 세상 사람과 별반 다를 것 없는 결혼생활을 하는 우리 자신이 충격적일 따름이다.

누군가, 내주하시는 성령이 우리처럼 평범한 이들의 삶에 살아 계심을 우리를 통해 직접 확인하고 깜짝 놀라야만 한다. 그러려면 전부 달라져야 한다. 시작은 그리스도의 지체가 되어 진심으로 기뻐하는 것으로부터다.

주님 안에서 항상 기뻐하십시오. 다시 말합니다.
기뻐하십시오(빌 4:4).

그리스도 안에서 기뻐하는 시간을 가지라. 진지하게. 기쁨이 없는 남편이 시키는 것을 달가워할 아내는 어디에도 없다. 아내에게 줄 수 있을 만큼 자신을 그리스도로 가득 채우라. 그리스도의 지체로서 하나님의 자녀가 되는 가치와 안전함을 발견하라. 그리스도는 당신을 '먹여 살리고 보호하시므로' 당신 역시 아내에게 똑같이 할 수 있다.

이것이 남편의 동기가 되어야 한다. 주님을 본받아 따르게 만드는 동기는 그분 안에서 누리는 기쁨이다. 제자들의 발을 씻기고 서로에게 그렇게 해 주라고 말씀하셨던 주님을 생각해 보라. 주님은 제자들에게 그분의 발을 씻겨 달라고 하지 않으셨고, 서로에게 그렇게 하라고 하셨다. 주님이 당신을 돌보셨던 것처럼, 당신도 아내를 돌봐야 한다.

겸손과 복종, 예수님이 이미 하셨다

겸손은 정말 아름다운 모습이다. 하지만 딱히 규정하기는 어렵다. 우리는 자신을 지독히 사랑하기 때문에 자기보다 남을 낮게 여기는 것은 씨름과도 같다(빌 2:3 참조).

어느 날 싸우고 싶은 마음이 들 때가 언제인지 유심히 살펴보았다. 누군가 내 의견에 반대할 때, 내 말을 자르고 들어올 때, 상대방이 너무 말을 길게 할 때, "실례합니다"나 "감사합니다"라는 말을 듣지 못했을 때 무시당했다는 느낌이 들거나, 아니면 너무 무례하다고 생각한다. 속으로 이런 감정이 치밀어 오르는 것이 몇 번이나 되나 파악해 보고는 정말 기절초풍하는 줄 알았다. 그것은 겸손을 선택하려는 싸움이었고, 실제로 겸손으로 옷 입으려는 것이었다.

> 그러므로 주님 안에서 갇힌 몸이 된 내가 여러분에게
> 권합니다. 여러분은 부르심을 받았으니, 그 부르심에
> 합당하게 살아가십시오. **겸손함**과 온유함으로 깍듯이

대하십시오. 오래 참음으로써 사랑으로 서로 용납하십시오.
성령이 여러분을 평화의 띠로 묶어서, 하나가 되게 해 주신
것을 힘써 지키십시오(엡 4:1-3, 굵은 글씨는 저자 강조).

모두가 서로서로 **겸손의 옷을 입으십시오.** 하나님께서는
교만한 자를 물리치시고, 겸손한 사람에게 은혜를
베푸십니다(벧전 5:5, 굵은 글씨는 저자 강조).

이 말씀은 우리 모습과는 완전히 다르다. 게다가 세상이 생
각하는 방식과도 매우 차이가 있다. 가판대에서 불티나게 팔리
는 잡지 기사에서 겸손은 눈 씻고 찾아봐도 없다. 우리는 능력,
독립, 조종 따위의 메시지 홍수 속에 살고 있다. 사방에서 들려
오는 것은 마음이 시키는 대로, 아니면 하고 싶은 대로 하라는
조언뿐이다. 세상이 줄기차게 단언하는 대로, 그리고 마음이 끌
리는 대로 하다 보면 마음대로 하는 것이 가치 있다고 믿기 쉽
다. 그래서 이렇게 저렇게 하라는 다른 사람의 말을 절대로 듣지
않는다. 결국 스스로 강하고 독립적인 존재로 생각하는 것이다.
그것을 깨닫지 못하고 세상이 흘러가는 대로 생각하는 것
이 너무 쉽다는 사실은 정말 놀랍다. 더 괴로운 것은 우리의 사
고방식을 겨냥해 들어오는 대부분의 생각들이 지나치게 세속적
이라는 점이다. 지금 우리의 사고방식은 성경의 진리에서 한참

벗어나 있다. 평소 주중에 영화와 텔레비전을 보고, 잡지를 읽고, 인터넷을 하고, 각종 매체를 들여다보는 데 얼마나 많은 시간을 쓰는지 생각해 보라. 성경 말씀을 묵상하거나 기도하는 데 쏟는 시간의 양과 비교해 보라. 놀랍지 않은가?

죄책감을 느끼고 낙담했다면 유감이다. 하지만 정신 차리라는 신호는 분명히 주고 싶다. 주의 깊게 경계하지 않으면 우리는 세속적인 사고방식에 빠져 고전할 것이다. 영적으로 충만한 집회나 수련회에서 돌아와 며칠 되지도 않았는데 '현실 세계'로 바로 직행한 적은 없는가? 왜 그랬을까? 당신의 정신이 예수님과는 아무 상관없이 살고 싶어 하는 세상 문화에 융단 폭격을 당했기 때문이다. 당신은 영적인 욕구를 해결하려고 하지만, 세상은 당신의 육체적인 욕구를 해결해 주며 당신을 조롱하고 있다.

> 여러분은 세상이나 세상에 있는 것들을 사랑하지 마십시오.
> 누가 세상을 사랑하면, 그 사람 속에는 하늘 아버지에
> 대한 사랑이 없습니다. 세상에 있는 모든 것, 곧 육체의
> 욕망과 눈의 욕망과 세상 살림에 대한 자랑은 모두
> 하늘 아버지에게서 온 것이 아니라, 세상에서 온 것이기
> 때문입니다(요일 2:15-16).

> 누가 철학이나 헛된 속임수로, 여러분을 노획물로 삼을까

조심하십시오. 그런 것은 사람들의 전통과 세상의 유치한
원리를 따라 하는 것이요, 그리스도를 따라 하는 것이
아닙니다(골 2:8).

우리의 원수 사탄은 속임수를 쓴다. 사탄은 먹잇감으로 삼
은 우리의 가장 민감한 부분을 건드리며 사사건건 거짓말을 해
댄다. 특히 '가치 있다'라고 여기는 것에 시비를 건다. 사탄은 우
리가 우쭐거리기를 바라면서 겸손한 마음 같은 건 웃기는 것이
라고 비하한다. 세속적인 지혜는 죄다 좋은 것이라고 온갖 방법
을 동원해 속삭인다. 전쟁이 시작되는 가장 평범한 곳은 바로 우
리 마음이다.

그 무엇보다도 너는 네 마음을 지켜라. 그 마음이 바로 생명의
근원이기 때문이다(잠 4:23).

그리스도의 겸손을 보여 주고 싶은 마음이 있다면, 그렇게
하라는 성경 말씀을 즉시 장전할 필요가 있다. 나는 너무 약한
존재라 주님이 보여 주신 본에 시선을 고정하고, 주님을 따라 살
게 해 달라고 지속적으로 성령께 구해야 한다.

이것이야말로 하루하루 직면해야 하는 전투다. 날마다 우
리 자신을 지킬 수 있는 만반의 준비를 갖추기 위해 뽑아 들고

싸워야 하는 무기도 있다. 이 세상에 살면서 성경적이지 않은 사고방식에 끌려 휘둘리지 않으려면 보다 진지하게 말씀으로 중무장하고 깨어 있어야 한다.

> 깨어 있으십시오. 믿음에 굳게 서 있으십시오. 용감하십시오.
> 힘을 내십시오(고전 16:13).

> 사랑하는 여러분, 나는 나그네와 거류민 같은 여러분에게
> 권합니다. 영혼을 거슬러 싸우는 육체적 정욕을
> 멀리하십시오(벧전 2:11).

거듭되는 이 싸움을 제대로 인식하지 못한 채 성실하게 싸움에 임하지 않는다면, 교만은 우리를 이기적인 마음으로 더 깊이 물들일 것이며, 인생과 결혼마저도 파괴할 것이다.

힘겨운 결혼생활을 하는 여성들을 만나 상담하면서 많은 이야기를 나누었다. 그들을 붙잡고 엄청 눈물을 흘렸다. 여건이 얼마나 다르든, 누가 더 잘못했든, 전혀 희망이 없어 보이는 상황이든, 이런 여성들이 보인 반응은 교만, 아니면 겸손 중 하나였다. 그들은 하나같이 감정적이었고, 울부짖었으며, 고통을 참아 냈고, 처절하게 싸우고 있었다. 어떤 이들은 교만하게 반응하는 쪽을 선택했고, 또 어떤 이들은 자신의 의지와 싸우며 겸손하

게 반응했다.

교만이 가득한 사람들은 방어적이며, 분노에 차 있고, 책임을 전가하며, 자신에게만 초점을 맞춘다. 이런 사람들은 문제가 자신이 아닌 모든 사람에게 있다고 본다. 복음은 핵심도 아니고 목표도 아니다.

겸손한 이들은 자신의 죄가 씻어졌음을 믿고, 자신이 소중하다고 여기는 일을 가지고 말다툼을 벌이기보다는 하나님을 경외하는 데 집중한다. 그들은 하나님의 은혜에 힘입어 복음과 목표에 집중하려고 노력한다.

이와 관련해 내 친구 레이샤와 나눈 대화가 떠오른다. 친구의 결혼은 깨진 상태였다. 레이샤의 남편은 그녀를 배신했고, 어느 순간 짐을 싸들고 나가 버렸다. 그러다가 나중에 남편이 돌아와서 친구와 화해하려고 했으나, 레이샤는 어떻게 해야 할지 몰라 속을 끓이고 있었다. 친구는 내 눈을 똑바로 쳐다보며 말했다. "난 이제 그 사람을 사랑하지 않아. 그 사람에 대해 아무 감정이 없어."

이어진 친구의 말은 충격적이었다. "그런데 나는 하나님을 사랑하잖아. 하나님을 사랑하기 때문에 나는 무슨 일이든 할 수 있잖아. 그럼 된 거지? 하나님을 사랑하는 마음에서 이렇게 하는 거지, 남편을 사랑해서 그런 건 아니야."

솔직히 그 순간, 수만 가지 생각이 내 마음을 휘감았다. 레이샤의 마음을 뒤덮은 하나님의 은혜에 나는 아무 말도 하지 못했다. 하나님을 알고 경외하기 때문에 자신에게 맡겨진 일에 순종하려는 친구의 강력한 의지에 나는 완전히 감동받았다. 자신이 어떻게 느끼든, 많은 사람이 '더 나은 것'이 무엇이라고 말하든, 내 친구는 하나님을 향한 사랑으로 무엇이든 할 수 있다고 생각했다.

그 후 두 사람의 결혼은 완벽하게 회복되었다. 하나님께 찬양을! 이 이야기는 내가 경험한 겸손의 첫 번째 사례이고, 부인할 수 없는 사실이다. 하나님을 바라본다면 우리의 관점은 변화된다. 교만한 마음을 버리고 하나님이 아름답게 하셨던 대로 보려고 노력했는가?

하나님이 교만한 자를 물리치신다는 사실을 절대로 잊어서는 안 된다(약 4:6 참조). 당신은 배우자한테 고집을 부리고 있다고 생각할지 모르지만, 그것은 지금 하나님과 반대편에 서 있는 것이며, 그 대신 하나님의 원수를 초청하는 꼴이다.

하나님은 언제나 겸손을 사랑하신다. 언제나. 그리고 하나님은 겸손한 이들에게 하나님의 은혜를 아낌없이 쏟아부으신다. 그 사실에 비추어 당신의 배우자와 함께 당신들이 하는 부부싸움을 생각해 보라. 남편이 했던 말이나 행동은 전혀 문제가 되지 않는다. 문제는 하나님의 반대편에 설 것인가, 아니면 하나님의 은혜를 택할 것인가 하는 것이다. 당신이 옳다는 것이 중요한가,

아니면 옳은 일을 하는 게 중요한가?

어느 날, 교만과 씨름하는 한 친구와 이야기를 나누었다. "먼저 사과를 하거나, 패배를 인정하거나, 아니면 겸손한 모습을 보인다면, 그건 마치 남편이 이겼다고 인정하는 꼴 같아." 우리도 자신의 잘못을 인정하기보다 위와 같이 생각하는 데 익숙하다. 하지만 자신의 생각이 옳지 않다는 것을 알고 그녀는 비참한 기분이 들었다. 심지어 자신이 하나님으로부터 동떨어져 있다는 것을 인정하기까지 했다. 나는 결국 하나님 그분께 투항하는 것이니 괜찮다며 그녀를 다독였다.

입 밖으로 차마 "미안해"라는 말을 하지 못하는 속앓이가 어떤 건지 짐작할 만하다. 교만이 우리의 몸과 마음을 장악하면, 그 순간에는 나는 지금 옳다는 생각뿐이다. 하지만 절대적으로 더 중요한 문제는 하나님과 바른 관계에 있느냐 하는 것이다. 그 문제가 가장 관건이다. 이것이 교만을 억누를 충분한 동기가 아직 되지 못했다면, 하나님과의 관계를 좀 더 오래, 그리고 열심히 살펴보는 게 좋겠다.

> 사람이 오만하면 낮아질 것이고, 마음이 겸손하면 영예를 얻을 것이다(잠 29:23).

겸손한 사람, 회개하는 사람, 나를 경외하고 복종하는 사람,

바로 이런 사람을 내가 좋아한다(사 66:2).

교만에는 멸망이 따르고, 거만에는 파멸이 따른다(잠 16:18).

진실로 주님은, 조롱하는 사람을 비웃으시고, 겸손한
사람에게는 은혜를 베푸신다(잠 3:34).

주님께서는 높은 분이시지만, 낮은 자를 굽어 보시며,
멀리서도 오만한 자를 다 알아보십니다(시 138:6).

정말 겸손한 사람을 만나면, 우리 아이들에게 엄지손가락을 들어 말해 준다. "완전 최고로 멋지지?" 아이들이 정말 똑바로 알기를 바라는 마음에서 그렇게 한다. 아이들이 겸손을 제대로 잘 배웠으면 좋겠다. 겸손은 언제나 아름다운 것이라고 하신 하나님의 말씀을 아이들이 마음에 새겼으면 좋겠다. 겸손하게 행동할 때 비로소 예수님의 본을 따르고 있다는 사실을 아이들이 이해했으면 좋겠다.

많은 결혼이 깨지는 이유는 겸손이 부족한 데서 찾을 수 있다. 그리스도인이라면 더 슬픈 일이다. 똑같이 주도권을 가지려고 분투하면서 우리는 예수 그리스도의 겸손한 자기희생보다 어떻게든 좀 더 영향력을 행사하려고 한다. 그래서 많은 여성이 남편에게 복종해서는 안 되는 이유에만 매달릴 뿐, 정작 복종이 의미하는 깊은 뜻을 받아들일 생각은 없다.

수년 동안, 교회에서 많은 아내를 대상으로 경건한 아내가 된다는 의미에 대해 강의를 했다. 거기에 많은 시간을 들였지만, 만약 우리가 참으로 겸손한 사람들이라면 그런 강의는 필요하지 않았을 것이다. 아내의 입장만 지나치게 고려했을 수도 있다. 그에 반해 예수님의 본을 따라 살라는 하나님의 부르심은 나 몰라라 했던 건 아닌가. 모든 싸움과 논쟁의 이면을 살펴보라. 주님을 본받아 살면 문제의 상당 부분은 저절로 해결된다는 것을 어렵지 않게 알 수 있다.

결혼에서 역할을 주제로 이루어지는 많은 건강한 토론들이 있다. 그것에서 가능하면 성경이 이야기하는 내용을 명료하게 이해할 필요가 있다. 그런 토론들을 회피할 생각은 없지만, 다음 내용들은 한 사람의 아내로서 생각해 본 것들이다.

믿지 않는 사람들과 구별되는 데는 남편에게 공손하게 복종하는 것보다 더 좋은 방법은 없다. "남편에게 하기를 주님께 하듯"이라는 말씀을 기꺼이 받아들이는 것은 비로소 그리스도와 주님의 말씀을 믿는다는 사실을 세상에 보여 주는 것이다. 이것이 이 시대와는 완전히 다른 얼마나 반문화적인 모습인지는 두말할 필요도 없다. 예수 그리스도를 중심으로 따르더라도 우리가 오늘의 문화를 바꿀 수 없는 것이 현실이다.

복종하라는 부르심을 충분히 생각해 볼 수 있도록 몇 가지 좋은 원칙들을 적어 보았다.

1. 복종한다는 것은 완벽함에 복종하는 게 아니라 하나님이 부여하신 위치에 공손하게 복종하는 것이다. 다시 말해서, 남편은 시시때때로 거푸 실수를 저지른다. 아내 눈에 남편이 언제나 리더로 인정해 줄 정도는 아니지만, 하나님은 언제나 남편을 아내의 순종을 받아야 할 가치 있는 존재로 여기신다. 아울러 복종하라는 명령은 하나님이 주신 것이므로, 아내의 복종은 절대적으로 하나님을 향한 것이다.

2. 오직 하나님을 향한 복종만이 절대적이다. 남편은 아내에게 죄를 짓기도 하지만(술에 취하거나, 거짓말을 하거나, 세금을 속이거나, 음란물을 보는 것 같은), 그런 것들을 용인하는 것이 남편에게 복종하는 것을 의미하지는 않는다. "사람에게 복종하는 것보다, 하나님께 복종하는 것이 마땅합니다"(행 5:29).

3. 아내는 남편을 돕는 존재로, 그래서 더 많은 것을 함께 이루어 가도록 지음 받은 존재다! 하나님은 남자가 혼자 있는 게 좋지

않다고 생각하셔서 아담에게 알맞은 짝을 창조하셨다(창 2:18
참조). 하나님이 아내에게 주신 역할을 인정하라. 아내가 가진
의미 있는 통찰력, 지혜, 시각을 남편에게 제공하라. 아울러
남편이 하나님의 인도하심이라고 믿는 방향으로 이끌고
나아갈 자유도 함께 주라.

4. 하나님의 뜻 가운데 있는 것이 가장 안전하다. 하나님이
   남편에게 복종하라고 명하셨다는 것을 믿는다면, 좀
   두렵더라도 아내는 하나님의 뜻을 따라야 한다. 그렇게
   하지 않으면 결국 여성은 남편이 아닌 하나님을 대적하는
   셈이다. 이것이야말로 많은 여성이 정말 비참한 지경에
   이르고 만 가장 큰 이유다. 모든 면에 걸쳐 하나님은 아주
   공들여 결혼을 만드셨으므로, 여성은 하나님을 믿어야
   한다.

5. 복종을 성경적인 개념에서 보자면, 남편이 하나님의
   자리를 차지해서는 안 된다. 학대받고 있는 아내는
   당당히 남편에게 책임을 묻는 데 주저함이 없어야 한다.
   나아가 희망이라고는 눈 씻고 찾아봐도 찾을 수 없는
   최악의 상황에서도 회복시키시며 치유하시는 하나님을
   신뢰하라고 격려하고 싶다.

우리는 우리 자신을 하나님께 맡겨야 한다. 이 땅에 오신 목적을 이루기 위해 예수님이 하나님께 지극히 복종하셨던 일은 정말 기겁할 만한 일이다. 왜 여성에게 복종이라는 역할을 주셨는지 모르겠다는 푸념이 나오거나 이해할 수 없다는 생각이 들 때마다, 나는 주님이 하신 두 가지 말씀을 되뇐다. "내가 아무것도 내 마음대로 하지 아니하고"(요 8:28). "내가 내 뜻을 행하려고 하늘에서 내려온 것이 아니라, 나를 보내신 분의 뜻을 행하려고 왔기 때문이다"(요 6:38).

예수님을 본받으려 한다는 사실을 깨달을 때 복종은 비로소 아름답다. 하늘의 모든 영광을 가지셨음에도 불구하고, 예수님은 기꺼이 모든 것을 버리셨다. 하나님께 오직 합당한 이가 있다면, 그 이는 바로 예수님이다. 하지만 주님은 기꺼이 하나님께 자신을 복종시키셨다. 놀랍지 않은가! 세상에 속했던 시선을 거두어 이제는 마음에 성경의 진리가 뿌리내리도록 하라.

한마디로, 모든 그리스도인이 예수님처럼 되어야 한다는 긴급한 부르심을 먼저 생각해 결혼에서 아내의 역할은 덜 강조되어야 한다고 믿는다. 우리는 모두 겸손하라는(벧전 5:5-6 참조), 그리고 서로에게 복종하라는 명령을 받았음을 기억하라(엡 5:21 참조). 예수님 안에 겸손과 복종이 모두 녹아 있기 때문이다. 그리스도를 닮아 가는 노력이 더 성실해질수록, 자연스럽게 우리는 하나님께서 부여하신 역할대로 잘 살아갈 수 있을 것이다.

무슨 일을 하든지, 경쟁심이나 허영으로 하지 말고, 겸손한
마음으로 하고, 자기보다 서로 남을 낮게 여기십시오(빌 2:3).

이 말씀을 가지고 어떻게 살고 있는가? 당신을 알고 있는
사람 중에 당신의 겸손을 아주 잘 말해 줄 사람은 누구인가?

예수님처럼 걸어갈 능력을 이미 받았다

아름다운 사람들이 아름다운 결혼을 만든다. 예수님은 이
땅에 존재했던 가장 아름다운 인물이다. 아름다운 결혼을 보여
주는 최고의 그림은 남편과 아내가 모두 예수님처럼 되는 목표
를 가질 때 나온다. 예수님은 모든 그리스도인의 기준이므로 특
히 남편은 예수님이 사랑하셨던 것 같이 아내를 사랑해야 한다.

이제 나는 너희에게 새 계명을 준다. 서로 사랑하여라. 내가
너희를 사랑한 것 같이, 너희도 서로 사랑하여라. 너희가 서로
사랑하면, 모든 사람이 그것으로써 너희가 내 제자인 줄을
알게 될 것이다(요 13:34-35).

남편과 아내가 그리스도의 사랑으로 서로를 사랑한다는 목

표를 가질 때 남편과 아내의 역할과 책임을 둘러싼 갈등은 소멸한다. 내 물건이 아닌 아내 물건을 열심히 찾더라도 아내 대신 헌신하고 희생한다는 생각에 불편하거나 모욕감을 느끼지 않는다. 따져 보나 마나 그건 너무 분명하다. 정말 자연스럽게 그렇게 된다. 아울러 아내가 자신보다 나를 더 돌본다면, 아내는 틀림없이 나의 사역과 삶에 대한 비전을 더 지지해 준다. "존경하기를 서로 먼저"(롬 12:10) 하기 위해 너무나 열심히 노력하고 있는 부부가 있다고 상상해 보라.

알다시피, 예수님처럼 된다는 것은 몸으로 실천하는 것보다 말이 앞서기 쉽다. 주님처럼 된다는 것은 그분과 함께 있어야 가능한 일이다. 주님과 더 가까이 있으라. 주님 안에서 기뻐하라. 그래서 주님의 몸 된 지체인 당신을 주님이 먹여 살리고 돌보시게 하라.

많은 사람이 문제 해결사를 자처하면서 그런 사고방식으로 우리 삶을 들여다본다. 기도할 때조차도 많은 요구사항을 가지고 눈을 감기 때문에, 도무지 주님의 임재와 축복을 기뻐할 시간조차 없다. 인생이 너무 바빠서, 주님과 나누는 친밀한 시간은 생략해 버린다. 과업에만 집중하느라 인성 개발은 소홀히 한다. 내 경우를 보면 더 사랑받고 싶다는 생각에 더 많은 사람을 상대하려고 욕심을 부린다. 나와 동행하시는 주님의 임재를 인정하면서 종일토록 주님을 찬양하며 나는 주님과 더 가까이 있을 필요가 있다.

주님의 임재를 경험하는 것은 어마어마하게 큰 도움이 된다. 지금 당장, 나는 주님과 마주 앉아 있는 상상을 한다. 주님은 강하고 두려움이 없으시며 사랑이 넘치고 정결하며 겸손하시다. 가는 곳마다 주님은 생명을 주신다. 그와 같은 주님의 임재를 지속적으로 인식해야 한다. 언제나 주님께 더 가까이 가야 한다. 어떻게 하면 더 주님처럼 될 수 있는지 항상 주님께 여쭈어야 한다.

지금 당신이 있는 곳에서, 주님과 마주 앉아 있다고 상상해 보라. 주님이 어떻게 행하실지 생각해 보라. 주님의 대담하심과 겸손함을 그려 보라. 그분의 권능과 은혜를 상상해 보라. 이 시대에 주님이 육신의 옷을 입고 사셨다면, 그분이 보여 주셨을 이타적인 행동은 어떠했을지 생각해 보라. 이제 주님의 발자국을 따라 걸을 능력을 구하라. 주님이 당신과 더불어 사시도록 요청하라. 당신을 통해 사랑하시도록 간구하라.

배우자를 진심으로 사랑함으로써 행동으로 나타내 보이라. 입술의 말이 아닌 주님이 보여 주셨던 방식대로 사랑하는 실천을 보이라. 성경이 틀리지 않았다면, 우리는 주님이 걸으신 것처럼 걸어갈 능력을 이미 부여받았다. 이것을 믿어야 한다. 다시 오실 주님을 간절히 기다리면서 이렇게 살기 위해 애써야 한다.

부부가 함께하는
예수 제자 훈련

이 장에서 논의했던 것들은 결혼, 인생, 하나님과의 관계에서 하나같이 정말 중요한 것들이다. 하지만 겸손과 자기희생 같은 개념들을 실천에 옮기는 것은 기막히게 어렵다. 주변 사람들에 대해 보다 더 겸손하고 희생적으로 살아가는 일에 남은 인생을, 결혼생활의 나머지 시간을 쏟아야 한다. 그렇게 살기로 결단했다면 다음 제안을 이용해 보라. 그러나 이것이 전부는 아니다. 배우자를 실천적으로 사랑할 수 있는 더 많은 방법을 계속 찾아보라.

예수님에 대해 더 곰곰이 생각해 보기

: 예수님에 대해 생각하는 시간을 가지라. 빨리 끝낼 생각은 말고! 예수님에 대해 무엇을 발견했는가? 그분을 아름답게 만드는 요소는 무엇인가? 예수님의 어떤 특징에 끌리는가? 주목하게 된 예수님의 행동은 무엇인가?

:   잠시 이 문제에 대해 생각해 보고, 예수님을 그렇게 만든 것이 무엇 인지 적으라.

:   배우자와 함께 생각을 나누라. 배우자가 주목한 것 중에 당신이 놓 친 것은 무엇인가?

:   결혼생활에서 예수님의 품성을 따라한 부분이 있다면, 남편과 아내 각자가 가장 비슷하게 했던 것은 무엇인지 서로 솔직하게 대화해 보라. 아주 실제적인 것들을 적어 보라.

🌼 예수님과 닮은 부분 평가하기

: 스스로 예수님과 비슷하다고 생각되는 영역이 무엇인지 적어 보라.
그 영역에서 얼마나 완벽한지 보려는 게 아니다. 당신 스스로 예수
님과 닮았다고 생각하는 부분을 적어 보라.

: 점점 그리스도를 닮아 갈 필요가 있는 부분을 적어 보라. 솔직하게
적으라.

: 적은 내용을 서로 나눠 보라. 이 목록이 상대방을 비판할 거리가 되지 않을까 걱정스러울 수도 있지만, 그렇게 하지 않도록 하라. 오히려 이 목록이 예수 그리스도를 닮아 가는, 아니면 닮지 못하고 있는 방식에 대해 정직하게 대화를 나누는 기회로 삼으라. 우리는 모두 맹점이 있기 때문에, 당신이 정말 잘하고 있는 영역에서, 그리고 좀 더 성장해 가야 할 영역에서 배우자의 의견을 들을 수 있을 것이다.

: 예수님을 더 닮아 가려는 이 여정에서 각자 서로를 도울 방법에 대해 토론하라.

: 기도하는 마음으로 이 시간의 처음과 끝을 맺으라. 더욱 주님을 닮기 위해 노력하도록 주님이 이끌어 주시기를 간구하라.

You and Me Forever

PART 2.

한 팀으로 예수님을 닮아 가는
부부 제자도

4

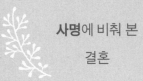

사명에 비춰 본
결혼

번듯한 가정을 꾸리느라
사명을 묻어 두었는가

좋은 배우자와 부모가 되는 데 시간을 더 쓰는가,
아니면 참 그리스도인이 되는 데 더 집중하는가.

우리 딸 메르시는 다섯 살 때 미식축구 팀에 들어갔다. 밝은 파랑 유니폼을 입은 아이는 정말 사랑스러웠다. 그 모습이 너무 예뻐서 내 눈에는 마치 파란 별처럼 보였다.

승부욕이 좀 있는 이 아빠는 딸이 상대 팀에서 볼을 빼앗아 득점을 하고 팀을 승리로 이끄는 꿈을 꾸었다. 그런데 경기가 진행되는 동안 메르시는 친구들이랑 손을 잡고 필드를 깡총깡총 뛰어다니면서 꽃을 꺾었고, 그걸 보는 아빠가 웃음을 터트리거나 비명을 지르고 있다는 걸 딸아이는 알 턱이 없었다.

딸아이는 승부 따위에는 관심조차 없는 게 분명했다. 그냥 놀고 싶었던 것뿐이다. 하지만 애비로서 이런 의문이 든다. '아이가 잔디밭에서 꽃을 꺾고 놀고 싶어 한다면, 나는 왜 미식축구 수업료를 낸 걸까?' 결국 수업료 내고 얻은 건 귀여운 그림이 박

흰 유니폼 정도다.

영적 전쟁에 임하는 많은 부부의 모습이 딱 그 다섯 살짜리 미식축구 선수와 같다. 하나님은 우리를 계속되는 어둠의 세력과의 전투에서 싸우라고 부르셨다. 이 전투에서 하나님이 우리에게 주신 사명은 분명하다. "제자를 삼으라!" 그런데 수많은 그리스도인 부부가 걸핏하면 손에 손잡고 인생의 운동장에서 뛰놀 뿐, 주변에서 벌어지는 치열한 전투 따위에는 아무 관심이 없다. 대신 '행복한 가정 만들기'를 우리의 사명으로 만들었다. 예수님이 우리에게 주신 사명이 아닌데도 불구하고, 우리가 원한다는 이유만으로 우리는 결혼을 우상화하며 정당성을 부여하려 든다.

지금까지 계속 해 온 이야기다. 결혼은 중요하지만 가장 중요한 것은 아니다. 가장 중요한 것에 집중한다면, 처음 만들어진 하나님의 목적에 걸맞게 작동할 것이므로 결혼생활은 더 행복해지게 되어 있다. 하지만 오직 가족에게만 신경을 쓴다면, 인생과 결혼에서 실제로는 실패할 것이다.

> 그대는 그리스도 예수의 훌륭한 군사답게 고난을 함께 달게
> 받으십시오. 누구든지 군에 복무를 하는 사람은 자기를
> 군사로 모집한 상관을 기쁘게 해 주어야 합니다. 그러므로
> 그는 살림살이에 얽매여서는 안 됩니다(딤후 2:3-4).

성경은 우리가 지금 전쟁 중에 있다고 말한다. 진짜 적이 존재하는 실전이다(고후 10:3-4; 엡 6:10-20 참조). 하나님은 사명을 주셨으므로, 우리는 누구도 '살림살이에 얽매여서는 안 된다.'

하얀 울타리가 있는 집과 집 안에서 잘 쉬고 있는 행복한 가족들을 그려 보라. 이번에는 거리 몇 구역 떨어진 곳에서 전개되고 있는 전면전을 상상해 보라. 우리가 부엌을 리모델링 하고 더 큰 텔레비전으로 바꾸는 사이, 친구와 이웃들은 목숨을 바쳐 싸우고 있다. 그 모든 소음을 완벽하게 차단하는 더 좋은 창문을 설치하느라 집 서랍엔 계약서만 여러 장이 쌓여 있다.

상당히 애처로운 상상이기는 해도, 많은 그리스도인이 선택해 살고 있는 삶을 잘 보여 주는 적나라한 비교다. 그들은 즐거운 인생을 추구하며 예수님이 주신 사명 따위는 무시한 채 살아가고 있다. 속지 마라. 우리는 전쟁 중이다. 지금 바다 건너에는 하나님을 믿는다는 이유로 고문당하고 있는 수많은 형제, 자매가 있다. 그들을 위해 기도하자. 전투에 임하기 전에 그들의 본을 새기며 서로를 격려하자.

> 누구든지 제 목숨을 구하고자 하는 사람은 잃을 것이요,
> 누구든지 나와 복음을 위하여 제 목숨을 잃는 사람은 구할
> 것이다(막 8:35).

앞에서도 말했지만, 건강한 결혼생활을 영위하는 것도 우리가 받은 사명의 일부다. 그 사명은 결혼생활을 무시하라고 요구하지는 않는다. 그러나 하나님나라와 의를 먼저 구하지 않으면 결혼생활은 건강해질 수 없다(마 6:33 참조). 함께 전쟁에 참여하면 남편과 아내의 싸움은 없어진다. 성령을 품은 사람들은 영적인 전쟁을 함께해 주기를 간절히 바란다. 그 전쟁에 계속 임하려는 이유는 우리 마음에 주님의 사명을 따르고 싶은 마음이 있기 때문이다.

이 장에서는 결혼생활에 앞서 하나님나라를 구하라는 부르심을 살펴볼 것이다. 전 생애를 걸고 전쟁에 투신하라고 격려할 것이다. 특히 주님이 주신 사명을 최우선으로 하고 결혼이 그 다음이어야 하는 8가지 이유를 살펴보려 한다.

다시, 사명에 집중하라

예수님이 그렇게 명하셨다

이것이야말로 필요한 이유의 전부다. 주님이 우리에게 주신 명령이다. 사실, 이 명령은 주님이 하늘에 올라가시기 전에 마지막으로 말씀하신 것이다.

예수께서 다가와서, 그들에게 말씀하셨다. "나는 하늘과 땅의
모든 권세를 받았다. 그러므로 너희는 가서, 모든 민족을
제자로 삼아서, 아버지와 아들과 성령의 이름으로 세례를
주고, 내가 너희에게 명령한 모든 것을 그들에게 가르쳐
지키게 하여라. 보아라, 내가 세상 끝 날까지 항상 너희와
함께 있을 것이다"(마 28:18-20).

예수님의 모든 명령을 진지하게 받아들여야 하지만, 이 명
령의 배경은 아주 특별한 무게감을 갖고 있다. 부활하신 예수님
은 제자들을 모아 자신이 하늘과 땅의 모든 권세를 받았다고 설
명하셨다. 얼마나 극적인 배경인지 상상해 보라. 당신을 구원하
러 오신 우주의 왕이 부활한 직후에 주신 그 명령을 무시하는 것
은 두말할 것도 없이 인생 최대의 미련한 짓이다.

그 명령은 무엇인가? '제자를 삼으라.' 우리 삶의 중심에는
그 두 단어가 있어야 한다. 혼자든 둘이든 우리 사명은 이 땅에
사는 동안 더 많은 제자를 삼는 것이다. 무엇보다 이 사명에 우
선순위를 두어야 한다. 아직 그렇게 살지 못하고 있다면, 부부는
오늘밤 마주 앉아 앞으로 제자를 삼기 위해 어떻게 살 것인지 숙
고해야 한다. 이 명령에 따라 삶은 재편되어야 한다. 사는 곳, 하
는 일, 소비 행태, 시간 사용 등 그 모든 것을 이 명령에 맞춰야
한다. 그 모든 것을! '제자를 삼으라'라는 단어가 빠진 어떠한 결

정도 내려서는 안 된다. 꾸준히 자문해 봐야 한다. '제자를 삼는 일에 시간과 자원을 아낌없이 쓰고 있는가?'

이 명령의 의미는 좀 더 분명해져야 할 필요가 있다. 예수님은 제자들에게 예수님을 모르는 이들에게 가라고 말씀하셨다. 그래서 제자들은 주님과 무관하게 살고 있는 사람들에게 다가갔다. 그들에게 세례를 주었고 주님의 명령에 순종하라고 가르쳤다.

예수님은 사람들을 데리고 성경공부를 하라고 부르신 것이 아니다. 주님은 우리가 순종의 삶의 증거가 되기를, 그래서 예수님을 본받는 삶을 살라고 삶으로 가르치기를 바라신다(고전 11:1 참조). 진정한 제자화는 다른 사람들에게 집과 시간과 자원을 개방하는 것을 포함한다. 그것을 통해 그들은 주님을 보고 마침내 주님을 따르게 될 것이다.

우리는 다른 이들을 제자 삼기 위해 존재한다. 결혼 또한 제자를 삼기 위해 존재한다. 제자 한 사람 세우지 못한 채 하나님 앞에 서고 싶은 이는 아무도 없다. 삶을 전격적으로 개조하라. 우선순위를 새로 설정하라. 우리는 다른 사람에게 영향을 주기 위해 존재한다.

이 주제를 다룬 것은 아주 많다. 관련된 자료들을 무상으로 제공하는 사이트를 탐색하며 더 많은 시간을 보내기를 바란다. www.multiplymovement.com의 방문을 강력히 추천한다.

예수님은 전투현장에 계신다

예수님은 지상대명령 말미에 아주 놀라운 제안을 하셨다. 세상 끝까지 가서 제자를 삼으라고 말씀하신 후에 우리와 동역하겠다고 하신 것이다. 우리는 절대로 혼자 일하는 게 아니다.

내가 세상 끝 날까지 항상 너희와 함께 있을 것이다(마 28:20).

하나님은 지금도 사명을 이루고 계신다. 지구를 구원하고 계신다. 나는 친구 앤드류를 만나고 싶으면 보통 체육관에 가서 그를 찾는다. 아담이 보고 싶을 땐 해변을 뒤지면 된다. 아내 리사를 찾으려면 단골 대형마트에 가야 한다. 예수님을 찾으려면 나는 누군가와 복음을 나눠야 한다. 그분이 그렇게 하겠다고 말씀하셨다. 주님은 그렇게 영적 전쟁터에 계신다. 지금도 사명을 좇고 계시는 것이다.

예수님을 느낄 수 없다고, 성령을 경험하지 못하고 있다고 불만을 토로하는 이야기를 종종 듣는다. 그럴 땐 주로 이렇게 묻는다. "제자 삼는 일을 열심히 하고 계신가요?" 주님 명령을 따르는 것은 곧 주님의 약속을 확인하는 과정이기 때문이다. 그 명령에 이어 예수님은 제자들에게 성령이 오시면 능력을 받게 될 것이라고 말씀하셨다. 제자들은 권능을 받고 '증인'이 될 수 있었다.

그러나 성령이 너희에게 내리시면, 너희는 능력을 받고,
예루살렘과 온 유대와 사마리아에서, 그리고 마침내 땅
끝에까지 이르러 내 증인이 될 것이다(행 1:8).

예수님은 마치 하늘에서 내려온 곰돌이 인형이나 되듯이
그저 자신을 잘 느끼는 용도로 쓰라고 성령을 주신 게 아니다.
주님이 성령과 능력을 주셨기에 우리는 증인이 될 수 있다. 아울
러 주님은 우리와 동행하신다. 행복한 가정을 꾸릴 수 있도록 도
움을 주기 위해서가 아니라, 제자를 삼을 수 있도록 동행해 주신
다. 산꼭대기에서 기도할 때나 믿음의 성도들과 함께 예배드리
면서 주님을 경험할 수 있다는 말도 맞다. 그러나 영적 전쟁터에
있을 때 주님은 특별한 방법으로 우리에게 나타나신다.

딸아이의 콘서트가 있는 밤이었는데, 내 설교 순서는 바로
그다음이었다. 콘서트 내내, 나는 무대 뒤에서 무릎을 꿇고 하나
님이 나타나 주시기를 간구했다. 큰 좌절감에 빠져 기도하던 중
이었다. 거의 이런 식의 기도였다.

'하나님, 제가 설교하는 동안 나타나 주세요. 제가 언제나
이렇게 구했던 것을 주님은 잘 아십니다! 주님의 나타나심을
보기를 간절히 원합니다. 엘리야도 저처럼 그지없이
평범했지만, 주님은 그가 기도했을 때 나타나 주셨다고

성경은 말합니다. 하늘에서 불을 보내 주셨습니다. 주님의
진리를 선포하는 동안 주님을 보여 주시옵소서. 왜 대답하지
않으십니까? 왜 저를 위해서는 똑같이 해 주시지 않는
건가요?'

또렷한 목소리를 듣지는 못했지만, 그 순간 하나님이 나에
게 답을 주셨다고 믿어지는 정말 드문 일이 벌어졌다. 이런 내용
이었다.

'엘리야는 갈멜 산에서 바알 선지자들과 전투하는 중이었다.
내가 하늘로부터 불을 보내지 않았다면, 엘리야의 목은
달아나 버렸을 것이다. 그런데 너는 지금 …… 크리스천
콘서트장에 있잖니.'

그때 내가 좋아하는 수없이 많은 성경 속 이야기가 떠올랐
다. 성경을 통틀어, 하나님은 당신을 따르는 이들이 위험에 처해
있으면 언제나 강력하게 나타나셨다. 엘리야가 유일한 참 신을
구별하기 위해 수백 명의 이방인 선지자를 불러냈을 때, 하나님
은 당신의 임재와 분명한 권능을 보여 주셨다(왕상 18장 참조). 사
드락, 메삭, 아벳느고가 왕의 신상에 절하는 것을 거부하자, 그
들은 불타는 화덕에 던져졌다. 그러자 그들 곁에는 눈에 띄는 한

사람이 나타나 화염으로부터 그들을 건져 냈다(단 3장 참조). 예수님을 선포한다는 이유로 사람들이 던진 돌에 맞아 죽음에 이르게 되었던 스데반은 그때 주님을 보았다.

> 그들은 이 말을 듣고 격분해서, 스데반에게 이를 갈았다.
> 그런데 스데반이 성령이 충만하여 하늘을 쳐다보니, 하나님의
> 영광이 보이고, 예수께서 하나님의 오른쪽에 서 계신 것이
> 보였다. 그래서 그는 "보십시오, 하늘이 열려 있고, 하나님의
> 오른쪽에 인자가 서 계신 것이 보입니다" 하고 말하였다(행
> 7:54-56).

하나님은 영적 싸움의 한복판에서 신비스럽고도 강력하게 나타나셨다. 지상에서 내가 맛본 가장 위대했던 순간은 난생처음 하나님의 초자연적인 역사하심을 경험했던 때였다. 눈물이 났고, 떨렸으며, 두려움이 엄습했다. 하나님을 경험하는 것보다 더 위대한 것은 없다. 인간관계는 소중한 것이지만, 우리에게 하나님을 만나는 것과 견줄 만한 것은 없다. 영적 싸움에 가담해 위험을 무릅쓴다면, 당신도 하나님을 경험할 것이다.

사람들이 죽어 간다

당신이 이 문장을 읽는 사이, 네 명이 죽었다. 4초에 평균 두 명이 죽는다. 매일 15만 5천 명이 죽는다는 의미이고, 그중 아주 소수가 천국에 간다(마 7:13-14 참조). 지독히 씁쓸한 수치다. 이 씁쓸함을 생각할 때마다 절망에 빠지곤 한다. 이 고통스러운 명백한 사실에서 벗어날 유일한 방법은 그 사실을 무시하거나 거부하는 것뿐이다.

사도 바울은 자신에게 "큰 슬픔"이 있고, 그 "마음에는 끊임없는 고통"이 있다고 했다(롬 9:2 참조). 이 말의 의미를 깊이 생각해 보라. 끊임없는 고통이라고? 바울은 예수님을 믿지 않는 사람들이 처하게 될 운명이 어떠한지 잘 알고 있었고, 그것 때문에 마음이 너무 힘들었다. 사도행전은 혹독한 대가를 치르면서라도 할 수 있는 한 모든 사람에게 복음을 전하려 했던 바울의 각고의 노력에 대한 기록이다. 바울의 인생은 그의 신념을 잘 반영하고 있다. 우리는 바울이 믿었던 것을 믿고 있다고 말은 하지만, 우리 삶은 우리의 신념을 보여 주지 못하고 있다.

수십억 명의 사람들이 죽어 가고 하나님의 심판 앞에 서 있다는 것을 믿는다면, 그들을 만나는 사명에 더 집중하는 삶을 사는 건 너무 당연하지 않은가? 숫자에 부담 가질 필요는 없다. 그저 각자에게 주어진 자기 몫만 잘하면 된다. 어마어마한 숫자에 대단한 획을 그을 수는 없지만, 자신이 만난 이들의 삶에 영원히 남을 충격을 줄 수 있다는 것만큼은 분명하다.

어렸을 때 학생부 목사님은 이런 질문을 던지셨다. "학생부 모든 학생이 나처럼 산다면, 우리 학생부는 어떻게 될까?" 그것은 각자의 책임에 대해 생각해 볼 정말 좋은 방법이다. 우리 각자는 모두 특별한 존재이고, 저마다 다른 은사를 가지고 있다. 핵심은 명명백백한 이것이다. 모든 사람이 당신이 하는 만큼만 복음을 공유한다면 얼마나 많은 사람이 복음을 접하게 될지 생각해 보라. 모든 사람이 당신이 드리는 만큼만 자기 소득을 나눈다면, 가난한 사람들에게 어느 정도 혜택이 돌아갈지 생각해 보라.

지금 이 순간 집 없는 아이들, 노예처럼 일하는 아이들, 팔려 가는 아이들, 성폭행 당하는 아이들이 얼마나 많은지 통계가 더 필요한가? 인터넷만 검색해도 너무 많은 통계가 쏟아진다. 영적으로, 또 육신적으로 절박한 필요를 가진 아이들이 부지기수다. 그들이 처한 위기 상황을 무시해서는 안 된다. 가끔 나는 물과 식량이 없어 절박한 상황에 놓여 있는 아프리카에 사는 우리 가족을 그려 보고, 미국에서 '그리스도인'으로 살고 있는 내 태도를 돌아본다. 온통 부족한 것뿐인 인생인데도 아무 불평 없이 살아가는 그들의 모습과 방식을 보면서 어떻게 느끼고 있는가?

지금 인도에 살고 있는 4인 가족을 한번 상상해 보라. 그들 가족은 원래 다섯 식구였지만, 나머지 식구들의 다음 달 생계를 위해 딸들 중 하나는 노예로 팔려 갔다. 그들이 당신이 사는 모습을 매일 지켜본다고 상상해 보라. 그 인도 가족은 그리스도인의 삶을 과연 어떻게 생각할까?

주님은 두 번째 가장 큰 계명으로 네 이웃을 네 몸과 같이 사랑하라고 말씀하셨다. 아프리카나 인도라는 세계의 이웃은커녕, 당신 옆집 사람들을 그렇게 사랑해 본 적이 있는가? 기억하라, 주님은 하나님을 사랑하는 것 다음으로 해야 하는 중요한 일로 이웃 사랑을 꼽으셨다(막 12:31 참조).

> 이것으로 우리가 사랑을 알게 되었습니다. 그러므로 우리도
> 형제자매를 위하여 목숨을 버리는 것이 마땅합니다.
> 누구든지 세상 재물을 가지고 있으면서, 자기 형제자매의
> 궁핍함을 보고도, 마음 문을 닫고 도와주지 않으면, 어떻게
> 하나님의 사랑이 그 사람 속에 머물겠습니까? 자녀 된
> 이 여러분, 우리는 말이나 혀로 사랑하지 말고, 행동과
> 진실함으로 사랑합시다(요일 3:16-18).

유대인 대학살이 자행되던 시절, 독일에 살았던 한 그리스도인 남성의 간증을 들어 보자.

> 유대인에게 어떤 일들이 벌어지고 있는지 듣기는 했지만
> 우리는 가급적 신경 쓰지 않으려 했다. 할 수 있는 일들이

아무것도 없었기 때문이다. 우리가 다니는 작은 교회 뒤로는 철로가 놓여 있었다. 주일 아침마다 멀리서 호루라기 소리가 들리면, 철길을 따라 기차가 들어왔다. 기차가 지나갈 때면 비명소리가 들려왔고, 우리는 그때마다 불안했다. 트럭에 실린 소떼처럼 유대인을 싣고 가는 기차라는 걸 알고 있었기 때문이다.

몇 주째 호루라기 소리가 계속되었다. 기차 바퀴 소리가 들려올 때면 두려움에 떨었다. 죽음의 수용소로 달려가는 기차에 실린 유대인들의 울부짖음을 들을 게 뻔했기 때문이다. 그들의 비명소리는 고문과도 같았다. 우리는 기차가 오는 시간을 알고 있었다. 그래서 호루라기 소리가 들리면 찬양을 부르기 시작했다. 기차가 교회를 지나칠 즈음, 우리는 있는 힘껏 목소리를 높여 찬양했다. 비명소리가 들릴라치면 더욱더 큰 소리로 말이다. 그리고 얼마 지나지 않아 더 이상 그들의 비명소리를 들을 수 없었다.

수년이 흘렀지만, 나는 지금도 잠을 자다가 기차와 호루라기 소리를 듣는다. 하나님, 저를 용서해 주십시오. 우리 자신을 그리스도인이라 부르면서도 그 상황에서 아무것도 하지 않았던 저희 모두를 용서해 주십시오.

_ 어윈 루처, *When a Nation Forgets God*: 7

Lessons We Must Learn from Nazi Germany

(국가가 하나님을 망각할 때: 나치 독일에서 배워야 할 7가지

교훈) 중에서.

이 이야기를 듣고 판단하기는 쉽다. 그리스도인이란 사람
들이 유대인들의 울부짖음을 듣고도 그 소리가 듣기 싫어서 목
소리 높여 찬양을 했다는 건 정말 역겨운 일이다. 하지만 어떤
가? 당신 사는 모습을 한번 보라. 지금 벌어지는 이 땅의 중대한
사건에 맞서 당신은 진실로 대항했는가? 모든 사람이 찬양을 부
를 때 당신 혼자 찬양하지 않을 수 있는가?

기본적인 삶의 양식을 따져 보면서 나는 감히 그럴 수 있
다고 자신 있게 말할 수가 없다. 하지만 그렇게 하겠다고 말하는
이들도 있을 것이다. 모든 사람이 "저는 더 이상 이런 식으로 살
지 않겠습니다! 남들이 하는 대로 아무 일도 일어나지 않은 척
하고 살 수는 없습니다!"라고 당당하게 일어나 말할 수 있는 건
아니더라도 말이다.

역사의 어느 순간에 교회가 보여 준 턱없이 부족하기만 한
반응을 비판하는 일은 쉽다. 어려운 것은 지금의 세계에서 일어
나는 일을 보면서 자신의 반응을 정하는 일이다. 지옥이 실재한
다는 사실을 엄숙히 받아들인다면 당신이 결혼생활에 신경을 쓰
는 것은 과연 납득할 만한가? 당신의 시간과 돈의 사용은 오늘의

세상에서 고통당하는 이들의 삶을 생각할 때 타당한가?

우리는 이 사명을 위해 창조되었다

하나님은 이유가 있어서 당신을 만드셨다. 토스터기, 신호등, 항공모함처럼 당신도 특별한 목적이 있어서 아주 특별한 방식으로 만들어진 존재다.

> 우리는 하나님의 작품입니다. 선한 일을 하게 하시려고,
> 하나님께서 그리스도 예수 안에서 우리를 만드셨습니다.
> 하나님께서 이렇게 미리 준비하신 것은, 우리가 선한 일을
> 하며 살아가게 하시려는 것입니다(엡 2:10).

하나님은 '미리' 당신을 위해 이 과정을 만들어 두셨다. 하나님은 예레미야에게 그가 태어나기 전에 이 과정을 만들어 두었다고 말씀하셨다.

> 내가 너를 모태에서 짓기도 전에 너를 선택하고, 네가
> 태어나기도 전에 너를 거룩하게 구별해서, 뭇 민족에게 보낼
> 예언자로 세웠다(렘 1:5).

당신은 이 땅의 어느 누구와도 다른, 이유 있는 존재다. 그

리고 교회에서 사용할 수 있는 초자연적인 은사를 가지고 있다. 쓸모없는 존재라거나 아무 은사도 받지 않았다고 말하는 것은 당신 자신을 두고 하나님의 실패작이라고 말하는 것과 같다.

> 각 사람에게 성령을 나타내 주시는 것은 공동 이익을 위한 것입니다. …… 이 모든 일은 한 분이신 같은 성령이 하시며, 그는 원하시는 대로 각 사람에게 은사를 나누어 주십니다(고전 12:7, 11).

'저는 잘할 수 있는 게 거의 없어요. 별 볼 일 없는 그냥 평범한 사람이에요'라는 식으로 말하면 그것이 겸손을 보여 준다고 생각했다. 그런데 성경을 좀 더 깊이 공부해 보고 나서 내린 결론은 그것은 겸손이 아닌, 믿음의 부족이라는 확신이 들었다. 성령은 나에게 은사를 주시는 분이 아닌가! 왜 혼자 성급하게 단정해 버렸던가? 주님이 내 안에 살아계시고 성령이 나에게 은사를 주시는데 내게 능력이 없을까?

당신이 부족하다고 속삭이는 사탄에게 속지 마라. 당신이 주님을 따르는 제자라면, 충분히 하늘의 권능으로 채워질 것이다. 몸 된 교회의 선한 목적을 위해 당신의 은사를 사용할 때 하나님의 영은 권능을 부어 주신다.

강의를 아주 잘 끝냈을 때는 정말 기분이 좋다. 내가 받은 은사로 교회를 세워 가면서 성령을 경험하며 느끼는 아주 각별한 교감이다. 그것이 바로 내 존재에 대한 이유다.

　누구나 '되는 일 하나 없다'라는 생각이 드는 시절을 지난다. 다른 모든 것은 죄다 잘나 보이는데, 나만 의미 없이 반복되는 일상에 갇혀 있는 것만 같은 시절 말이다. 인생도 그럭저럭 재미있고 관계도 괜찮은 것 같은데, 유독 나만 무언가 잃어버린 것 같아 우울해진다. 그것은 당신도 특별한 무언가를 위해 창조되었다는 것을 느끼기 때문이다. 초자연적인 성령의 권능이 거부할 수 없을 만큼 당신 안에서 흐르는 가운데 하나님과 더 깊은 교감을 누리고 싶은 것이다. 단순히 하나님에 대한 이야기를 나누는 것을 넘어 하나님을 만져 보고 싶은 것이다.

　우리는 우리의 지성을 초월해 하나님을 간절히 알고 싶어 한다. 오로지 깊은 체험에서 나오는 방식으로 말이다. 이것은 하나님의 사명을 이루고 있을 때만 일어나는 일이다. 사람들을 하나님나라로 인도할 때 하나님의 사랑과 권능은 당신을 거쳐 그들에게 흘러간다. 세상에 이와 비슷한 일은 없으며, 이 방법 외에 다른 길은 없다.

　나이가 들어갈수록 더 당혹스러울 것이다. 돌아보면 하나님을 거의 경험하지 않은 채 살았고, 하나님나라를 위해 한 일도 별로 없다. 하나님 얼굴 뵙는 일을 망설이면서, 그동안 시간과 돈을 자신만을 위해 써 왔다는 것을 깨닫게 된다. 이런 자각이 사무치게 다가왔다는 이들을 수없이 만나 봤는데, 그들은 하나같이 슬퍼하거나 무력감에 빠져 있었다. 이것은 하나님이 원하시는 바가 아니다. 설령 나이 든 이들이 할 일은 별로 없다는 말을 들었더라도 하나님께서는 머리 희끗희끗한 제자의 회심을 기뻐하신다.

젊은 층에게는 기꺼이 회개하는 어르신들의 사례가 필요하다. 하나님나라가 아니라 자기만을 위해 이기적으로 살았던 이들을 기꺼이 받아들이라. 당신도 그들이 살아온 방식대로 살지 않도록 열심을 내고 이제부터는 영원한 것을 위해 살라. 또 신앙의 선배 세대라면, 젊은 믿음의 세대들에게 그들의 실수를 반복하지 않도록 경고하고 동기를 부여하라.

이렇게 된다면 나이 들수록 마음이 벅찰 것이다. 우리는 이 땅에서 해야 할 일을 잘 이루었다고 생각하면서 인생을 돌아볼 수 있어야 한다. 그래서 예수님도 바로 이렇게 말씀하셨다. "나는 아버지께서 내게 하라고 맡기신 일을 완성하여, 땅에서 아버지께 영광을 돌렸습니다"(요 17:4).

바울 역시 디모데에게 보내는 다음 편지를 쓰면서 뜨거운 마음이 넘쳤을 것이다. 당신도 어느 날 이렇게 말할 날이 올 것을 상상해 보라.

그러나 그대는 모든 일에 정신을 차려서 고난을 참으며,

전도자의 일을 하며, 그대의 직무를 완수하십시오. 나는 이미 부어 드리는 제물로 피를 흘릴 때가 되었고, 세상을 떠날 때가 되었습니다. 나는 선한 싸움을 다 싸우고, 달려갈 길을 마치고, 믿음을 지켰습니다. 이제는 나를 위하여 의의 면류관이 마련되어 있으므로, 의로운 재판장이신 주님께서 그날에 그것을 나에게 주실 것이며, 나에게만이 아니라 주님께서 나타나시기를 사모하는 모든 사람에게도 주실 것입니다(딤후 4:5-8).

바울은 젊은 디모데에게 고통이 어떻든지 간에 사명에 계속 집중하라고 말한다. 이미 노인이 된 바울은 그것이 가치 있는 삶이라고 확신 가운데 말했다. 훗날 디모데가 자신과 똑같은 자리에 있기를 바랐기 때문이다. 바울의 인생은 끝나 가고 있었고, 그는 이제 경주를 마칠 때라는 걸 알고 있었다. 바울은 이 땅에서 해야 한다고 생각하는 일을 했고, 머리를 들어 상급 받게 될 하늘을 바라보고 있었다.

이 시점에서 바울의 입장이 되어 생각해 보자. 그 감격에 빠져 보라. 시작은 나빴지만(딤전 1:12-16 참조), 바울은 신실하게 그리스도를 따랐다. 구타, 투옥, 유혹에도 불구하고 그는 이 땅에서 자신의 사명을 성실하게 수행했다. 이제 죽음을 목전에 둔 바울은 자신이 받을 보상을 바라보고 있다. 그 시점에서 솔직히 속으로 바울의 자리를 차지하고 싶지 않은 사람이 누가 있겠는가? 인생의 끝자락에서 이렇게 말할 수 있으려면 더 해야 할 일은 무엇인가? 당신의 인생은 이 방향으로 가고 있는가?

사명은 재정적 안정감을 준다

재정적인 만족은 나쁜 것이 아니며 안정감을 느끼는 중요한 요소다. 이렇게 말하면 사람들은 대개 은퇴한 후에 잘 지낼 노후자금 얘기를 꺼낸다. 이 주제를 다루면서 예수님이 하려던 말씀은, 하나님나라에 자원을 투자하고 모든 것을 공급해 주실 하나님을 믿으라는 것이었다.

> 그러므로 무엇을 먹을까, 무엇을 마실까, 무엇을 입을까, 하고 걱정하지 말아라. 이 모든 것은 모두 이방사람들이 구하는 것이요, 너희의 하늘 아버지께서는, 이 모든 것이 너희에게 필요하다는 것을 아신다. 너희는 먼저 하나님의 나라와 하나님의 의를 구하여라. 그리하면 이 모든 것을 너희에게 더하여 주실 것이다(마 6:31-33).

하나님은 우리의 필요를 보고 계실 뿐만 아니라 알고 계신다. 아울러 먼저 하나님나라와 의를 구하면 필요한 것들을 모두 주겠다고 약속하셨다. 이 약속에 의하면, 내가 하나님나라에 더욱 집중하면 날마다 필요한 것들이 보장된다는 것이다.

문제는 우리 대부분이 이 말씀으로는 충분치 않다고 여기는 것이다. 하나님이 필요를 딱 맞게 채워 주시기만 한다면, 우리는 아마 화를 낼 것이다. 사람들은 자기가 필요한 것보다 '아주 조금 더'만 채워졌다는 이유로 하나님의 존재를 의심한다. 이런 일이 벌어지는 것을 수없이 보았다. 지금 세상은 풍요가 넘쳐난다. 정부가 이미 최저 생계에 대한 보장을 약속하고 있으므로, 현재 미국 땅에서 하나님의 약속은 그다지 감동적이지는 않다. 사람들은 사는 데 필요한 확실한 기준 '이상으로' 하나님이 보장해 주기를 바란다. 필요를 채워 주실 것이라는 약속에 만족하지 못하는 것이다.

그러나 만족을 아는 이들에게 이것은 어마어마한 약속이다. "우리는 먹을 것과 입을 것이 있으면, 그것으로 만족해야 할 것입니다"(딤전 6:8). 바울처럼 이야기할 수 있는 사람은 걱정할 게 하나도 없다, 전혀.

하나님나라를 구하는 것으로 충분하다는 것을 우리는 잘 알고 있다. 하나님께서는 우리가 필요로 하는 것들을 알고 계시며, 보시는 대로 해결해 주신다. 먹고사는 데 아무 지장이 없으며 먹을거리는 바닥나지 않을 것이다. 좀 어울리지 않을 수는 있어도 옷을 입고 지내는 데는 문제가 없다. 저장해 두지는 못할망정 물은 언제나 있을 것이다. 만족하는 사람에게 이것은 참으로 위대한 약속이다. 국가 경제에 무슨 일이 생겨도 과도하게 스트레스 받지 않는다. 하나님나라를 구하는 이들은 언제나 안전하기 때문이다.

자기 왕국을 건설하는 이들을 아주 많이 봤다. 그렇게 하다 보면 더 큰 집, 더 좋은 차, 더 좋고 희귀한 먹을거리를 쟁여 두게 될 것이다. 그렇게 되면 결국은 '자기 힘'에 빠지게 된다. 무슨 일이 벌어지든 상관없이 우리의 필요에 응답해 주시는 하나님을 잃어버리게 되는 것이다.

그러나 먼저 하나님나라를 구하는 이들은 걱정할 필요가 없다. 하나님은 언제나 채워 주시므로 무언가 필요할 때 서둘러 하나님을 바라본다. 우리 부부가 가진 최고의 기억은 하나님이 약속을 지키시는 것을 경험할 때였다.

이것이 행복한 결혼으로 가는 길이다

진실로 고백하건대, 아내와 나는 공통점이 거의 없다. 나는 운동을 좋아하지만 아내는 질색을 한다. 아내는 쇼핑몰 가는 것을 좋아하는데, 나는 극도로 혐오한다. 아내는 노래 부르는 것을 즐겨하는데, 나는 소 울음소리를 듣는 기분이다. 나는 색다른 아시안 요리를 좋아하고, 아내는 그런 음식을 보면 오싹한 기분이 든다고 한다. 서핑을 즐기는 나, 바닷가에는 얼씬도 하지 않는 아내. 진지한 대화를 좋아하는 아내, 그런 건 코웃음 치는 나.

그러나 아내는 예수님을 사랑하고, 나도 예수님을 사랑한다. 우리는 그거면 됐다! 우리 두 사람을 묶어 주는 예수님을 같이 사랑하고, 특히 주님이 주신 사명을 사랑한다. 우리 둘은 사람들이 죄를 회개하고 예수님에게 돌아와 성령으로 충만해지도록 돕는 일을 좋아한다. 나는 아내가 믿음을 공유하고, 젊은 여성들을 제자로 만들고, 가난한 사람들을 돌보고, 다음 세대를 위해 사역하는 것을 보는 게 좋다. 좀 이상하게 들릴지 모르지만, 아내가 사역하는 것을 보고 있으면 아내가 더 매력적으로 보인다. 아내는 사역에 집중하는 나를 격려할 뿐만 아니라 내가 설교하고 섬기는 동안 아이들을 잘 돌보고 있으니 안심해도 좋다는 생각을 갖게 해 준다.

우리 부부는 함께 사역하는 것을 좋아한다. 사실, 한때 사역을 소홀히 하고 우리 자신의 목표에 집중하면서 갈등한 적도 있었다. 계속된 사역이 우리 두 사람을 더 가까이 있게 만들어 주었다.

여러분은 오로지 그리스도의 복음에 합당하게 생활하십시오.
그리하여 내가 가서, 여러분을 만나든지, 떠나 있든지,
여러분이 한 정신으로 굳게 서서, 한 마음으로 복음의 신앙을
위하여 함께 싸우며(빌 1:27).

빌립보 교회 사람들을 향한 바울의 기대는 곧 결혼생활에 대한 우리의 기대와 같다. 우리 부부는 '한 마음'이 되기를, 그리고 '복음의 신앙을 위하여 함께 싸우기를' 원한다. 우리는 팀으로 일하고 팀으로 승리한다. 솔직히 말해서 우리는 하나 됨을 이루는 데 그다지 많은 시간을 쓰지 않는다. 하나 됨은 사명의 결과로 주어지기 때문이다. 하나님을 섬김으로써 얻는 선물이다.

단기선교 여행 경험이 있다면, 이 말이 무슨 말인지 이해할 수 있을 것이다. 그런 여행은 완전히 다른 사람들과 함께 여행하기 십상이다. 함께 여행 중인 주변 사람들을 보면 공통점이라고는 눈 씻고 찾아봐도 없다. 그런데 헤어질 즈음엔 무리 안에 하나 됨이 생긴다. 이 하나 됨을 만들기 위해 애쓴 것도 아닌데 말이다. 사명에만 초점을 맞추었고, 그 사명이 사람들을 동행하게 했을 뿐이다.

승리를 거머쥔 승자들이 기쁨을 만끽하는 스포츠 팀을 생각해 보라. 상을 받기 위해 집중하면 일시적인 하나 됨이 생긴다. 손을 맞잡지 않았고, 더 좋은 친구가 되기 위해 상담을 받지도 않았다. 승리에 집중하자 자연스럽게 하나가 되었다. 결혼과 가족에게도 통용되는 진리다. 하나 됨은 사명에 헌신하며 사는 인생에서 성령을 따르는 두 사람에게 나타나는 자연스러운 결과다.

사명에 집중하며 완전히 새롭게 되어 결혼생활을 회복하는 부부를 많이 만나 봤다. 내 친구 칼은 시간이 빨리 지나가기만을 학수고대했다. 아들이 고등학교를 졸업하고 독립하자, 그는 아내와 별거하려고 했다. 칼이 모르는 사이에, 그의 아내 역시 같은 생각을 하고 있었다. 결국 두 사람의 유일한 공통 관심사는 아들이었다. 그들 가족 안에서 사랑이란 그렇게 짧은 시간에 끝났다. 그건 아주 흔해 빠진 사례에 불과했다. 부부는 아이들에게 전부를 쏟는다. 아이들이 떠나면 그것으로 결혼도 끝이다.

그런데 칼의 아내에게 희한한 일이 벌어졌다. 돌연 하나님의 사명에 복종하는 인생을 살겠다고 한 것이다. 성 산업에 빠진 소녀들을 향한 마음이 날로 커졌다. 그녀는 그런 인생을 살고 있는 소녀들을 구할 방법을 찾았고, 그들에게 예수님을 알리는 일을 시작했다. 결국 그녀는 소녀들을 구출해 삶을 회복시키는 사역을 출범시켰다. 칼 역시 아내의 열정에 마음이 움직였고, 그녀를 돕는 일에 나서게 되었다.

그는 안타까워하는 아내의 마음을 보노라면 아내가 정말 매력적으로 보인다고 했다. 하나님의 사명을 받아들였을 때 두 사람은 하나가 되었다. 요즘 그들은 서로를 정말 사랑하고 있으며, 함께 이 사역에 매진하고 있다.

하나님이 주신 사명은 결혼보다 크다

대부분의 사람들은 고린도전서 7장이 결혼이란 주제를 다루는 책에 포함되지 않을 거라고 생각한다. 7장 내용을 보면,

결국 결혼하지 말고 혼자 살라고 권하기 때문이다. 하지만 7장은 결혼한 부부들에게 필수적인 가르침을 담고 있다. 사실 우리 부부가 이 책을 쓰게 된 데는 그 어떤 동기보다 이 성경 말씀이 많은 영향을 주었다. 남편들에게 아내들을 사랑하라고 에베소 교회에 명령했던 바울이 고린도전서 7장에서는 이렇게 이야기한다. "이제부터는 아내 있는 사람은 없는 사람처럼 하고"(고전 7:29). 이것은 무슨 의미일까?

바울의 요점은 이 세상에서의 삶이 짧다는 것이다. 예수님의 부활 후부터 다시 오실 그때까지, 우리가 사는 시대는 급박한 위기의 때다. 우리는 모두 하나님으로부터 부르심을 받았고, 그 부르심은 우리의 결혼보다 말할 수 없이 중대하다. 하나님나라를 구하는 것이 첫 번째 우선순위가 되어야 하는데, 아주 신경 쓰지 않으면 결혼이 방해가 될 것이다.

> 때가 얼마 남지 않았으니, 이제부터는 아내 있는 사람은 없는 사람처럼 하고, 우는 사람은 울지 않는 사람처럼 하고, 기쁜 사람은 기쁘지 않은 사람처럼 하고, 무엇을 산 사람은 그것을 가지고 있지 않은 사람처럼 하고, 세상을 이용하는 사람은 그렇게 하지 않는 사람처럼 하도록 하십시오. 이 세상의 형체는 사라집니다.
>
> 나는 여러분이 염려 없이 살기를 바랍니다. 결혼하지 않은

남자는, 어떻게 하면 주님을 기쁘게 해 드릴 수 있을까 하고, 주님의 일에 마음을 씁니다. 그러나 결혼한 남자는, 어떻게 하면 자기 아내를 기쁘게 할 수 있을까 하고, 세상 일에 마음을 쓰게 되므로, 마음이 나뉘어 있습니다. 결혼하지 않은 여자나 처녀는, 몸과 영을 거룩하게 하려고 주님의 일에 마음을 쓰지만, 결혼한 여자는, 어떻게 하면 남편을 기쁘게 할 수 있을까 하고, 세상 일에 마음을 씁니다. 내가 이 말을 하는 것은 여러분을 유익하게 하려고 그러는 것이지, 여러분에게 올가미를 씌우려고 그러는 것이 아닙니다. 오히려 여러분이 품위 있게 살면서, 마음에 헛갈림이 없이, 오직 주님만을 섬기게 하려는 것입니다(고전 7:29-35).

마지막 구절이 이 단락의 핵심이다. 즉 인생을 푸는 열쇠다. 우리는 모두 "마음에 헛갈림이 없이, 오직 주님만을" 섬기는 삶을 추구해야 한다. 결혼으로 인해 더 높은 부르심을 따라 사는 삶이 흐트러지는 것을 방관해서는 안 된다. 34절에서 바울은 결혼한 이들이 예수님이 아닌 배우자에게 쓸데없이 많은 신경을 쓴다고 분명히 지적한다. 예수님을 기쁘시게 하는 것보다 서로를 기쁘게 하느라 정신이 없다. 인생의 목표가 '마음에 헛갈림이 없이, 오직 주님만을' 섬기는 삶인데도, 결혼으로 인해 "마음이 나뉘어"(34절) 살게 되는 것이다.

결혼생활이 원만할 때는 예수님보다는 서로를 더 즐겁게 해 주려고 안달한다. 안 좋은 상태가 되면, 서로에 대한 상처 때문에 예수님을 사랑하는 일은 꿈도 못 꾼다. 보편적인 기준에서 결혼생활이 '좋아' 보이는 주변 친구들만 보더라도 무난한 결혼생활에 빠져 사명에 대한 생각은 거의 하지 않는다. 제자를 삼고, 가난한 이들을 돌보고, 노숙자들에게 다가가고, 다른 사람을 위해 재능과 자원을 내놓는 일은 제쳐 두고 가족 일에만 신경을 쓰고 있다면, 과연 그 결혼생활을 '훌륭하다' 말할 수 있을까?

건강한 관계는 사명을 위해 매우 중요하지만, 결혼생활을 즐기는 데 너무 많이 신경을 쓰는 건 경계해야 한다. 아무리 선한 것도 우상이 될 수 있기 때문이다(롬 1:25 참조). 목표는 '마음에 헛갈림이 없이, 오직 주님만을' 섬기는 것이다. 부부의 애정이나 의견 충돌 때문에 주님의 소원과 사명을 잃어버리는 일이 없도록 경계하라.

결혼이 언제나 방해가 된다는 말은 결코 아니다. 바울은 결혼이 사명을 이루는 데 도움이 된다고 설명한다. 사실, 결혼하는 것이 수많은 방해요소로부터 자유로워지는 방법이 되는 이들도 있다. 이 성경 구절의 좀 더 앞부분을 살펴보면, 바울은 어떤 경우에는 결혼이 불필요한 성적인 유혹으로부터 우리를 지켜 준다고 설명한다(고전 7:1-5 참조). 결혼이 선한 것임을 잊지 마라. 하나님이 만드신 게 아닌가. 세상에 죄가 들어오기 전, 하나님은 에

덴 동산에서 결혼을 만드셨다. 진실로, 결혼은 혼자 힘으로 이룰 수 있는 것보다 더 많은 것을 할 수 있게 해 준다(창 2:18-25 참조).

그러나 모든 선한 것이 그러하듯, 사탄은 남편과 아내의 좋은 관계마저 악용한다. 안타까운 일이지만, 이런 일은 교회 안에 중요한 규칙처럼 자리를 잡았다. 행복한 결혼을 강조한 나머지 예수님 중심의 삶보다 행복한 결혼이 더 설득력 있게 받아들여지고 갈채를 받고 있다.

"하나님 먼저, 가족은 그다음!"(God first, family second) 신자들 사이에서 자주 듣는 소리다. 하지만 말은 숱하게 듣는데, 실제로 그 구호가 저마다의 삶에 영향을 미치고 있다는 흔적은 좀처럼 찾아보기 어렵다. '가족이 으뜸'이란 사고방식을 버린다면 우리에게 어떤 일들이 벌어질까? 그러려면 구체적으로 어떤 습관과 행동들을 바꿔야 할까?

예수 그리스도께 돌아가자

마태복음 24-25장 이야기를 천천히 해 왔지만, 그 두 장을 직접 읽는 것이 제일 좋다. 성경을 펼쳐 이 중요한 두 장을 진지하게 읽어 보라. 거기서 다루는 문제를 놓고 기도하고 꼼꼼히 읽어 보라. 예수님께 돌아가는 것이 오늘 우리 삶에 얼마나 많은 영향을 주는지 스스로 결론을 내 보라.

가족이라는 평범하고도 오래된 우상

자라면서 아내와 엄마가 되는 것이 내가 원하는 전부였다. 마음은 온통 그리스도인 남자를 만나 결혼하고(목사와 결혼하는 것은 염두에 둔 일이 아니지만) 그리스도인 자녀들을 잘 길러 내는 것에 맞춰져 있었다. 솔직히 그 이상은 전혀 생각해 보지 않았다. 그것이 나쁜 소원은 아니었다. 내가 믿지 않는 사람과 결혼하는 것을 하나님은 원하시지 않았고, 아이들은 언제나 축복의 존재였다. 그런데 그것을 미처 깨닫기도 전에 하나님의 자녀라는 가장 신실한 정체성을 넘어서는 어렵고 다양한 역할들이 주어졌다. 하나님의 멋진 여성이 되기보다는 국보급 현모양처가 되는 데 모든 정성을 쏟았다.

정직하게 말해서, 나는 하나님께 나에게 원하시는 것이 무엇인지 한 번도 진실하게 기도한 적도 물은 적도 없다. 혼자 결론 내린 이 땅에 있는 목적을 맹목적으로 따르면서 자동으로 움직이고 있었다.

남편을 더 사랑하고 아이들을 더 잘 키우는 것은 분명히 하나님이 원하시는 일이다. 그러나 하나님이 이 땅에 우리를 두신 목적을 망각하고 다른 것을 지나치게 중요시하는 것, 바로 그것이 위험하다.

당신은 누군가의 배우자 그 이상의 존재다. 자녀들을 축복해 왔다면, 당신은 부모 이상의 역할을 한 것이다. 당신은 하나님나라에서 고유한 역할을 가지고 있으며, 하나님은 당신이 태어나기 전부터 계획하셨던 대로 인도하며 오늘도 당신을 위해 일하신다.

> 우리는 하나님의 작품입니다. 선한 일을 하게 하시려고,
> 하나님께서 그리스도 예수 안에서 우리를 만드셨습니다.
> 하나님께서 이렇게 미리 준비하신 것은, 우리가 선한 일을
> 하며 살아가게 하시려는 것입니다(엡 2:10).

이 말씀을 거듭 당신을 위한 말씀으로 읽어 보라. 선한 일이 무엇이든 영원 전부터 하나님이 계획하셨던 일을 우리가 적극적으로 추구하지 않는 것은 정상으로 보이지 않는다. 우주는 당신 없이도 끄떡없이 잘 굴러가지만, 그와 달리 하나님은 하나님나라의 일을 위해 우리를 초대하셨다. 당신은 여기에서 누락되어 있는 상태다. 나 자신의 하찮은 세계보다 하나님은 더 큰 그림을 갖고 계신다는 것을 깨닫기 전까지 나 역시 마찬가지였다.

남편을 소홀히 했다거나 자녀를 화나게 했다는 이야기를 하려는 게 아니다. 절대로 그런 이야기가 아니다. 거품으로 가득 찬 당신의 기독교적인 생활, 그 너머의 세상을 생각해 보라는 말

이다. 표현이 거칠어서 미안하지만, 나 또한 그런 거품 속에 있었다. 그 거품이 차고 넘쳐 뻥 소리를 내며 터졌을 때 깜짝 놀라기는 했지만, 그 후로 나는 자유로워졌다. 어떤 사람에게는 기독교적인 거품이 아닌, 가족이라는 평범하고도 오래된 '우상'이기도 하다. 진지하게 자문해 보기를 바란다. 좋은 아내와 부모가 되는 데 더 시간을 쓰고 있는가, 아니면 경건한 사람이 되는 데더 집중하고 있는가?

이 둘의 차이를 생각해 보자. '아이들이 공원에 나가 노는 걸 좋아해서 오늘 아이들을 데리고 공원에 나갔어요.' '이웃을 초대해서 가족 모두 함께 공원에 나갔어요. 아이들도 그렇게 노는 걸 좋아할 뿐만 아니라, 아내 옆에 있으면서 아내가 필요한 일이 있을 땐 언제든 내가 아내를 도울 수 있다는 걸 알기 바랐기 때문이에요.'

이것은 아주 간단해 보이지만, 심오한 차이가 있다. 매일 자기만의 목표에 따라 달리고 있는지, 아니면 예수님의 사랑을 필요로 하는 사람을 보여 달라고 간구하면서 예수님과 함께하는 데 시간을 내고 있는지 그것은 다른 문제다.

일터에서는 자동적으로 상사가 시키는 일을 깔끔하게 해내는 게 마땅히 감당할 책임이다. 두말할 필요가 없다. 무엇이 중요하고 촌각을 다투는 일인지 도통 가늠하기 어려우면 누구나 당장 상사를 찾아가 물어볼 것이다.

그리스도인에게 예수님은 주인이고 구원자시다. 그런데 우리는 주님이 하라고 정하신 많은 일을 대수롭지 않게 여긴다. 이런 일이 벌어질 때 주님은 이렇게 말씀하신다. "어찌하여 너희는 나더러 '주님, 주님!' 하면서도, 내가 말하는 것은 행하지 않느냐"(눅 6:46).

사명을 수행하는 모습을 생각하면 마음속에 운동 경기 장면이 그려진다. 말 그대로 운동선수들의 모습이다. 나는 언제나 (뭇 여성들처럼) 체조 경기나 아이스 스케이팅 경기 보는 것을 좋아한다. 종종 선수들이 저렇게 완벽하게 되기 위해 거쳐야 했던 과정들을 생각해 본다. 선수들은 철저하게 집중하며 헌신한다. 인터뷰를 보면 그들이 포기했던 것들, 접어 놓은 관계들, 경기를 위해 쏟았던 엄청난 시간을 알 수 있다. 그들은 마음속 목표로 딱 한 가지를 품고 살아간다. 그들은 사명을 수행하는 것이다.

우리는 이렇게 살 필요가 있다.

> 경기장에서 달리기하는 사람들이 모두 달리지만, 상을 받는 사람은 하나뿐이라는 것을 여러분은 알지 못합니까? 이와 같이 여러분도 상을 받을 수 있도록 달리십시오. 경기에 나서는 사람은 모든 일에 절제를 합니다. 그런데 그들은 썩어 없어질 월계관을 얻으려고 절제를 하는 것이지만, 우리는 썩지 않을 월계관을 얻으려고 하는 것입니다. 그러므로 나는

목표 없이 달리듯이 달리기를 하는 것이 아닙니다. 나는 허공을 치듯이 권투를 하는 것이 아닙니다. 나는 내 몸을 쳐서 굴복시킵니다. 그것은 내가, 남에게 복음을 전하고 나서 도리어 나 스스로는 버림을 받는, 가련한 신세가 되지 않으려는 것입니다(고전 9:24-27).

그리스도인은 주변 사람들을 사랑하는 일에 가장 훈련되어 있으며, 열정적이고, 집중해야 한다. 이 사명을 위한 훈련, 희생, 고통은 충분히 가치 있다. 마음에 한 가지 목표를 가졌다면 기꺼이 인생을 걸어야 하며, 주님이 우리를 부르신 사명을 위해 모든 것을 할 준비가 되어 있어야 한다.

개인적인 일을 하면서 목적 없이 어울려서는 안 된다. 다른 사람이 어떻게 하든 신경 쓰지 말고 각자 하나님을 영광스럽게 하면서 달려갈 길을 잘 마쳐야 할 책임이 있다. 사실을 직시하면, 결혼은 팀으로 노력하는 것이다. 결혼은 남편과 아내가 모두 사명에 헌신할 때 최고로 작동한다. 팀에서 한 사람이 느슨해지면 모든 것을 잃게 된다.

바울의 비유는 매우 설득력 있다. 당신은 여분의 몸무게를 줄여야 할 수도 있고, 더 열심히 일해야 할지도 모른다. 지금 경주를 하고 있다면 목표에 마음을 고정하고 거기에 필요한 일을 해야 한다. 비록 불공정하거나 심지어 악취가 날 때조차도 참된 신자라면 일찌감치 기권해서는 안 된다. 허약한 연결고리를 발견할 수도, 또 발견하지 못할 수도 있으며, 여태까지 쏟은 각별한 노력에 대해 세상의 신뢰를 얻지 못할 수도 있다. 그러나 전력 질주해서 결승선을 밟았다는 건 분명해야 한다.

결혼한 여성들을 만나면, 이 땅에서의 삶을 마치고 하나님 앞에 섰을 때 "어째서 네 남편의 발목을 잡아서 그가 내가 맡긴 일을 다하지 못하게 했느냐?"라는 책망을 듣지 않도록 조심하라는 얘길 자주 한다. 그런 호령이 떨어진다면 나는 마음이 무너져 버릴 것 같다. 나는 남편이 나를 지나치게 애지중지해, 내가 감당하지 못할까 봐 걱정스러워서 해야 할 일을 제대로 밀어붙이지 못하게 되는 걸 원치 않는다.

하나님은 정말 신뢰할 만한 분이다. 그분은 우리가 원하는 것은 모두 주실 수 있다. 그분의 부르심에 집중하면, 주님은 모든 필요를 낱낱이 채우실 뿐만 아니라, 은혜에 은혜를 더하셔서 친히 역사하시고 운행하시며 삶을 변화시키시는 모습을 두 눈으로 똑똑히 확인하도록 이끄신다. 훗날 그 사실을 깨닫는 순간, '딸애가 평생 전학 한 번 안 하길 바라는 마음에, 아들아이에게 악영향을 줄지 몰라 걱정스러워서, 또는 그냥 이기적이어서 이 모든 걸 다 잃어버릴 뻔했구나' 싶어서 눈물을 흘리게 될 것이다.

자기 자신을 정직하게 돌아보면, 주님과 동행하기 위해 노력하는 것을 달가워하지 않았다는 걸 인정하게 될 것이다. 우리

는 사명에 집중하기 위해서는 훈련이 필요하다는 것도 싫어한
다. 하지만 어떻게 하는 게 맞는가?

> 경건함에 이르도록 몸을 훈련하십시오. 몸의 훈련은 약간의
> 유익이 있으나, 경건 훈련은 모든 면에 유익하니, 이 세상과
> 장차 올 세상의 생명을 약속해 줍니다. 이 말은 참말이요,
> 모든 사람이 받아들일 만한 말입니다(딤전 4:7-9).

나는 이렇게 명료하고 직설적인 말씀을 좋아한다. 경건한
삶과 결혼은 저절로 생기지 않는다. 지속적인 훈련으로 영적인
근육이 생겨나고, 하나님의 것들을 향한 마음을 정기적으로 자
극받아야 한다. 바울은 경건함에 이르도록 우리 자신을 훈련시
키도록 이 명령을 주며 이렇게 말했다. "우리는 수고하며 애를
쓰고 있습니다"(딤전 4:10).

훈련은 지속적인 작업이다. 바울은 빌립보 교회 성도들에
게 "두렵고 떨리는 마음으로 자기의 구원을 이루어"(빌 2:12) 가
고 그 훈련을 환기시켰다. 하나님의 선물로 주어진 구원을 위해
훈련할 뿐만 아니라 그들의 구원을 이루어 나가라고 말한 것이
다. 그러면서 왜 그렇게 해야 하는지 되짚어 주었다. "하나님은
여러분 안에서 활동하셔서, 여러분으로 하여금 하나님을 기쁘
게 해 드릴 것을 염원하게 하시고 실천하게 하시는 분입니다"(빌

2:13).

나는 사명이 현재의 안정감보다 비할 데 없이 더 호소력 있다고 증언할 수 있다. 물론 나도 때때로 '평범한' 인생을 살고 싶은 생각이 든다. 단순히 그저 이기적이고 싶을 때나 힘들게 하나님이 원하시는 것을 생각하고 싶지 않을 때가 있다. 그러나 그렇게 살기엔 너무 늦었다. 참된 삶을 한번 맛본 사람은 절대로 다시 되돌아가지 못한다.

다윗은 이렇게 주장한다. "너희는 여호와의 선하심을 맛보아 알지어다"(시 34:8, 개역개정). 나는 그 경지를 알게 되었다. 하나님께 철저하게 순종하며 사는 삶이 무엇인지 맛보아 알게 된 것이다. 나는 사람들을 향한 하나님의 사랑을 맛보고, 또 알게 되었다. 하나님이 마음에 이와 같은 사랑을 부어 주시면, 이전의 구태의연한 방식으로 되돌아갈 경우 무언가 허접하고 불충분하다고 생각된다. 나는 믿음의 진보가 어떤 맛인지 이미 알았다. 믿음의 맛을 알기에 하나님께 더 가까이 이끌려, 설령 하나님이 내버려 둔다 하더라도 이전으로 되돌아가고 싶지 않다.

사명을 따르는 삶에서 나오는 몇 가지 욕망이 있다. 나에게는 애초부터 그런 게 없었다. 솔직히 말해서 처음에 나의 단순한 욕망은 하나님을 잃어버리지 않는 것이었다. 비행기를 탔을 때 끝없이 펼쳐진 하늘을 바라보면서 하나님이 우리 가족이 함께하기를 원하시는 게 무엇인지 기도했던 순간을 또렷이 기억한다.

머릿속에는 그동안 우리 자신의 삶에 사로잡힌 나머지 하나님의 계획 같은 건 깡그리 잃어버렸다는 반성만 가득했다. 겁이 났다. 하나님께 순종하는 것이 무서웠고, 순종하지 않으면 하나님을 잃게 될 것이라는 생각에 점점 두려운 마음이 들었다.

> 그러므로 나는 주님 안에서 간곡히 권고합니다. 이제부터
> 여러분은 이방 사람들이 허망한 생각으로 살아가는 것과
> 같이 살아가지 마십시오. 그들은 자기들 속에 있는 무지와
> 자기들의 마음의 완고함 때문에 지각이 어두워지고, 하나님의
> 생명에서 떠나 있습니다. 그들은 수치의 감각을 잃고,
> 자기들의 몸을 방탕에 내맡기고, 탐욕을 부리며, 모든 더러운
> 일을 합니다. 그러나 여러분은 그리스도를 그렇게 배우지는
> 않았습니다. 여러분이 예수 안에 있는 진리대로 그분에
> 관해서 듣고, 또 그분 안에서 가르침을 받았으면, 여러분은
> 지난날의 생활 방식대로 허망한 욕정을 따라 살다가 썩어
> 없어질 그 옛 사람을 벗어 버리고, 마음의 영을 새롭게 하여,
> 하나님의 형상을 따라 참 의로움과 참 거룩함으로 지으심을
> 받은 새 사람을 입으십시오(엡 4:17-24).

주님을 믿지 않는 사람들은 완전히 자기중심적이고, 탐욕을 부리며, 육욕에 꼼짝 못하고, 게으른 인생을 살아간다. 그러나 그

리스도께 속한 이들은 사명을 수행한다. 그들은 썩어 없어질 옛 사람을 벗어 버리고 완전히 새로운 자신을 입었다. 사명을 갖고 있다는 건, 우리 앞에 놓인 것들을 제쳐 둔다는 걸 의미한다.

> 우리도 갖가지 무거운 짐과 얽매는 죄를 벗어 버리고, 우리 앞에 놓인 달음질을 참으면서 달려갑시다(히 12:1).

올림픽 경기에 자신의 전부를 바치는 이들을 생각해 보라. 그들은 수백만의 사람들 앞에서도 아무것도 걸리적거리지 않게 하려고 문자 그대로 거의 속옷만 입고 나온다. 사소한 옷의 무게마저도 기록을 떨어뜨릴 수 있기 때문에 방해가 될 만한 불필요한 것들은 모조리 제거한다. 지금 당신을 방해하는 죄는 무엇인가? 경주를 잘하려고 하는 걸 불가능하게 하고 꼼짝 못하게 하는 것은 무엇인가? 꼭 죄라고 말할 수는 없지만, 여전히 당신을 산만하게 만드는 것은 무엇인가?

주님께 시선을 고정한다는 것은 우리가 바라보는 것에서 시선을 거두는 것을 의미한다. 텔레비전? 유튜브? 홈쇼핑? 가족? 사명에 계속 집중하기 위해 우리는 사는 동안 끊임없이 선택해야 한다.

1월 1일, 남편은 가족들에게 텔레비전을 두고 시험해 보자고 제안했다. 몇 달 동안 시험적으로 텔레비전 보는 시간과 성경

보는 시간을 똑같이 해 보면 어떻겠느냐고 물었다. 30분 성경을 읽으면 30분 동안 텔레비전을 볼 수 있다. 그 즉시 모두 흔쾌히 그러자고 했으면 좋았겠지만, 현실은 달랐다. 우리 가족은 이미 케이블 텔레비전을 없애고, 주문형 온라인 텔레비전·영화 서비스를 이용하고 있어서 그나마 잘하고 있다고 생각했기 때문이다. '자유'를 포기하라는 요청은 언제나 꽤 불편하다. 그러나 누가 싫은 이유를 댈 수 있겠는가? 그것은 언제나 받으시기에 합당한 하나님께 우리 자신을 드리는 훈련을 의미했다(하나님은 우리의 헌신을 더 많이 받으셔야 한다).

지금 우리가 왜 이곳에 있는지 끊임없이 집중하며 준비하는 것은 훈련 기간에 하는 일이다. 하나님은 우리에게 많은 자유를 주셨지만, 베드로는 그 자유가 무엇을 위한 것인지 생각해 보라고 말한다. "여러분은 자유인으로 사십시오. 그러나 그 자유를 악을 행하는 구실로 쓰지 말고, 하나님의 종으로 사십시오"(벧전 2:16).

나는 하나님의 종으로서 다른 신자들이 어떻게 살고 있는지 다행히 볼 수 있는 기회가 많았다. 한 여성은 하나님께 집중하기 위해 잡지를 보며 보낸 숱한 시간을 회개하며, 이미 구독료를 지불한 잡지를 포기했다. 내 친구 얀은 15년 동안 영화를 한 편도 보지 않았기 때문에 평소에 영화에 나오는 그럴 듯한 대사를 단 한 줄도 인용해서 말할 수 없다. 대신 그녀는 때마다 꼭 필요한 성경 구절을 인용하고, 그 말씀을 통해 자신이 제자로 양육하는 여성들을 축복하고 격려한다.

한 젊은 부부는 조용하고 '안전한' 이웃들이 있는 집을 구입할 수도 있었는데, 그 대신 주변 사람들을 하나님의 제자로 만들고 사랑하기 위해 도심 한복판으로 이사하는 쪽을 택했다. 방이 두 개 딸린 아파트에 사는 한 부부는 마약 중독에서 벗어나 새 출발을 해야 하는 한 여성에게 방을 한 칸 내 주었다. 짧게 만났던 어느 부부는 특별한 돌봄이 필요한 다수의 고아들을 입양했다. 그들은 모두 오롯이 정직함, 사랑, 기쁨을 내뿜는 삶을 살고 있다.

사명을 이루며 하나님의 사람임을 증거하는 것, 즉 신자들이 복음으로 사는 모습을 지켜보는 것은 얼마나 영광스러운 일인가. 그것은 눈을 뗄 수 없을 정도로 매력적인 것이며, 경건함으로 우리를 단련시키는 것이 왜 가치 있는지 잘 보여 준다.

뜨뜻미지근한 사람들 눈에 기이하다거나 급진적인 것처럼 보이는 인생을 결단하지 않았다면, 우리는 지금 현재의 모습을 평가해 볼 필요가 있다. 사명을 다하는 성도들은 일반적인 세상의 눈으로 볼 때 약간 미친 것처럼 보인다. 올림픽 경기를 위해 식이요법까지 동원하는 선수들이 우리 보기엔 다소 남다르게 보이듯 말이다. 지금 이 세상을 위해 살고 있지 않다는 것을 당신의 삶은 어떻게 보여 주고 있는가?

아이들이 어렸을 때 우리 가족은 비포장도로를 달려서 며칠씩 어디를 가도 사막뿐인 곳에서 야영을 했다. 샤워나 화장실은 생각도 못하고, 밥을 해먹을 수 있는 휴대용 버너에 의지한 채 말이다. 밤이면 모래언덕에 누워, 손에 잡힐 것처럼 가깝게 느껴지는 별들을 만끽했다. 숨이 멎을 것만 같았다. 이런 여행이 주는 행복한 기억들이 있다.

하지만 며칠 지나서는 머리 냄새 때문에 숨이 막히는 것 같았다. 하루 종일 태양이 우리를 쏘아대고, 피부에는 온통 먼지와 때가 덕지덕지 묻어 있어서, 꼬락서니가 참으로 볼만했다. 집으로 돌아오는 길에 점심을 먹기 위해 휴게소에 들렀을 때 우리 꼴은 사람들 눈에 가관이었을 것이다. 그리고 집에 돌아와 뜨거운 물로 마음껏 샤워를 하고 보드라운 잠옷을 입고, 침대에 널브러졌을 때 그 황홀한 기분은 정말 그 무엇과도 비교할 수가 없다. '드디어 우리 집에 왔다!' 캠핑에서 돌아와 잠드는 모든 밤은 지상에서 가장 편안한 밤이었다.

우리 삶도 이와 매우 비슷한 구석이 있다. 우리는 지금 캠핑 여행 중이다. 70-80년 정도 여행한 후에 끝이 난다. 이 세상은 우리 집이 아니다. 어느 정도 즐기기도 하고 열심히 일하면서 잘 지내겠지만, 진짜 우리 집에서 누릴 수 있는 것에 비하면 이건 아무것도 아니다. 이 세상의 더러움과 죄로 얼룩진 평생의 전투로부터 정결하게 될 것이다. 의의 옷을 입고 마침내 예수님의 품에 안길 것이다.

최고급 자동차, 완벽한 잠자리, 눈부시게 하얀 옷, 도자기에 담긴 음식, 그리고 개인 요리사를 대동하고 캠핑장에 나타난 괴짜 가족을 보면 얼마나 우스울까. 그건 캠핑하는 자의 올바른 자세가 아니다. 캠핑은 잠깐 하는 거니까 기본 이상으로 만족감을 누리겠다고 생각해서는 안 된다. 잘 꾸미거나 안락한 집을 갖출 필요도 없다. 왜냐하면 대모험을 하면서 많은 시간을 보낼 예정이기 때문이다. 많은 사람들을 데리고, 기어를 넣고, 길을 달려야 할 일이 태산이다.

내 인생에 많은 영향을 끼쳤던 남편이란 존재가 없어지고 나 혼자 남겨졌을 때는 '사명을 따르는' 삶을 살지 못할 것 같다. 하나님이 내 옆에 남편을 두시지 않았다면, 내 삶이 어디로 흘러갔을지 상상하는 건 낯설고 심지어 두렵기조차 하다. 남편은 사명에 가장 집중된 삶을 살고 있으며, 그로 인해 정말 감사하다. 연애 시절 남편이 하나님을 경외하는 모습, 성경에 대한 높은 통찰력, 그리스도를 따르는 삶에 대한 진지한 그의 태도에 감탄한 적이 한두 번이 아니다. 그가 늘 짓궂게 장난을 쳐도 상처받지 않았다. 난 그저 언제나 남편 곁에 있고 싶었다.

결혼한 후에도 나는 여전히 남편의 그런 장점들을 칭찬했고, 이제는 아예 내 방식을 알아서 포기할 정도가 되었다. 남편은 예전에 내가 전혀 해 보지 않은 방식으로 대범하게 결정하며 생각했고, 그럴 때면 나는 종종 영적인 낙오자가 된 기분이 들었다. 20년 후에 인생을 돌아볼 때 영적인 성장에서조차 내가 얼마나 자기중심적이었는지 깨닫게 된다면 쓴웃음이 날 것이다. '왜 이런 일이 **내게는** 자연스럽게 오지 않았을까?' '이것은 남편이 **나를** 별로 생각하지 않았다는 의미인가?' '왜 나는 그것을 포기했을까? **내 확신**이 아니었는데!' '**우리도** 남들처럼 살 수는 없었던 걸까?'

하지만 나는 하나님께 감사드린다. 내 믿음이 자라 갈수록 남편은 우리 가정을 더욱 견고하게 이끌어 나갈 뿐만 아니라, 나는 자유와 기쁨과 평화를 점점 더 경험하고 있다. '예수 그리스도를 아는 지식이 가장 고귀하므로, 그 밖의 모든 것을 해로 여기는' 옆 사람이 있다면(빌 3:8 참조), 그것이야말로 내가 받은 가장 큰 선물이다.

충분히 해 보지 않아서 실제보다 '이질적으로' 느껴지는 것이다. 의도적으로 마음속에 사명을 품고 살겠다고 결심하는 미덕은 점점 친숙해질 것이다. 처음 몇 걸음과 변화는 두렵고도 어렵겠지만, 아름다운 리듬을 타는 효과는 곧 나타날 것이다. 여전히 저항(또는 유혹)의 순간이 있더라도, 계속 그렇게 살고 싶을 것이다. 가장 중요한 일에 시선을 고정함으로써 누리는 축복을 잃고 싶지 않기 때문이다.

잘했다!

그의 주인이 그에게 말하였다. '잘했다! 착하고 신실한 종아.
네가 적은 일에 신실하였으니, 이제 내가 많은 일을 네게
맡기겠다. 와서, 주인과 함께 기쁨을 누려라'(마 25:21).

하나님께 '잘했다'라는 말 이상으로 더 듣고 싶은 말이 있는
가? '참 잘 말했다'라든지 '잘 생각했다'가 아닌, '잘했다'임을 기억
하라. 마음 속에 떠오르는 바로 그 일을 하라. 오늘 당신이 가진 지
식, 은사, 열정을 사용하라. 추구해야 할 사명이 있지 않은가.

부부가 함께하는
예수 제자 훈련

우리 앞에는 언제나 사명이 있다. 바로 제자를 삼는 일이다. 바쁜 스케줄과 가족에게만 집중하는 건강하지 못한 성향, 하고 싶은 일을 추구하는 것 등 이런 것들은 당신이 사명을 무시해 왔다는 것을 보여 주는 지표들이다. 이제 다시 사명에 집중해야 할 차례다. 사명은 삶의 전 영역에 걸쳐 있다. 새롭게 시작하면서 다음 제안을 활용해 보라. 여기서 멈출 순 없다.

☀ 사명에 대한 노력 평가하기

: 배우자와 함께 앉아, 하나님이 주신 사명에 얼마나 헌신했는지 정직하게 평가해 보라.

: 제자 삼으라는 하나님이 주신 사명의 의미를 자신의 삶에서 어떻게 증명할 수 있는가?

: 제자 삼으라는 하나님의 사명에 대해 당신 삶에서 뻔뻔하게 불순종하고 있는 영역은 무엇인가?

: 실제적으로 생각했을 때, '제자를 삼으라'라는 말로 당신의 삶을 어떻게 새롭게 시작할 것인가?

✻ 행동요령

: 이 명령은 당신 삶이 완벽하게 개혁되기를 요구하므로, 지금 당장 무언가를 해야 한다. 하나님의 명령을 계속 방치해 두어서는 안 된다.

: 배우자와 함께(전 가족과 함께) 하나님이 주신 사명에 다시 집중할 수 있는 최소한 한 가지를 결단하라. 다음 예를 참고하라.

- 섬길 대상을 정하고 방법을 찾으라. 교회에서 사역할 만한 기회가 있다면 즉시 합류하라. 재정 지원이 필요한 사람을 알고 있다면, 지금 당장 그들을 도우라. 격려가 필요한 사람을 알고 있다면, 가족들을 모아 기발한 방식으로 격려해 보라.

- 좋은 것이긴 하지만 중독성이 강한 것들, 예를 들면 텔레비전 시청, 쇼핑, 취미 같은 것들을 끊으라(최소한 일시적으로라도).

- 하나님이 주신 사명을 이루기 위해 교회가 무엇을 하고 있는지 담임목사에게 물어보고 당신이 도울 방법을 찾으라(현재 교회의 일원이 아니라면, 이것은 다시 신앙생활을 시작할 수 있는 좋은 계기다).

- 제자훈련을 받고 있거나 시작할 사람을 만나 대화를 주도하라. 거창한 것처럼 들릴지 모르지만, 매우 중요한 문제다. 어떻게 시작해야 할지 모르겠다면, www.multiplymovement.com을 참고하라.

5

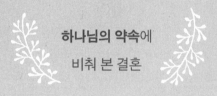

하나님의 약속에
비춰 본 결혼

'영원'에 뿌리박은
결혼생활을 시작하라

항상 '영원한 생명'이란 렌즈를 통해
문제를 들여다봐야 한다.

"그것 봐, 내 말이 맞지? 한 번 해 볼 만한 일이라고 했잖아! 와, 끝내준다!"

언젠가 천국에서 리사와 아이들을 만나 그렇게 소리치며 환호하는 상상을 해 본다. 그때는 더 이상 내 아내요 아이들이 아니겠지만 우린 그 어느 때보다 깊이 사랑하고 있을 것이다. 눈을 마주보며 속삭이는 장면을 그려 본다. "주님이 꼭 그러실 거라고 했잖아! 약속을 어김없이 지키실 줄 난 진즉부터 알았어. 그러니까 희생하고 헌신하는 게 하나도 헛짓이 아니란 걸 알았다니까. 대단해, 정말 대단해!"

이보다 더 완벽한 결말이 있을까? 내가 꿈꾸는 가장 근사한 해피엔딩이다. 그래서 지금은 거꾸로 생각해 보는 것이다. 삶의 이야기를 그렇게 맺기 위해 오늘 할 수 있는 일은 무엇일까? 밝은 헤아림과 깨달음에 토대를 두고 결론을 내야 한다. 지상의 삶을 마친 뒤에 하나님 앞에 서서 그동안 어떻게 살아왔는지 되짚는 모습을 마음에 떠올려 보라. 그 순간, 무얼 후회하게 될까? 그 자리에서 가장 소중한 건 무엇일까? 그런 점들을 염두에 두고 결정을 내린다면 삶은 어떻게 달라지겠는가?

예수님을 믿으면 천국에 들어간다는 건 누구나 아는 사실이다. 하지만 하나님은 더 큰 은총을 베풀어 주신다. 무엇이든 하나님나라를 위해 기쁜 마음으로 희생하면 남김없이 갚아 주시겠다고 약속하신 것이다(막 10:28-30 참조). 사실, 하나님의 상급을 믿지 않고는 그분을 기쁘시게 해드리는 것은 불가능하다.

믿음이 없이는 하나님을 기쁘게 해드릴 수 없습니다.
하나님께 나아가는 사람은, 하나님이 계시다는 것과,
하나님은 자기를 찾는 사람들에게 상을 주시는 분이시라는
것을 믿어야 합니다(히 11:6).

예전에는 하나님을 섬기고 상급을 받는다는 게 부당하다고 생각했다. 주님이 해 주신 놀라운 일들을 기억하고 감격에 겨워 그분을 섬기는 게 마땅하지 않은가! 이미 감당키 어려울 만큼 풍성하게 부어 주셨는데 뭘 더 바란다는 말인가! 맞다. 두말하면 잔소리다. 하지만 예수님이 대놓고 "너희를 위하여 보물을 하늘

에 쌓아 두어라"(마 6:20)라고 말씀하셨다는 사실을 지나쳐선 안 된다. 주님을 섬기면 이러저러한 것들을 주신다는 말씀은 신약 곳곳에서 찾아볼 수 있다.

그러므로 더러 '상급'을 연구할 필요가 있다. 신약성경은 흔히 생각하는 것 이상으로 자주 상급을 언급한다. 마음만 먹으면 당장이라도 공부를 시작할 수 있다. 고린도전서 3장 10-15절, 고린도후서 4장 17-18절, 마가복음 9장 38-50절, 마태복음 5장 1-12절과 6장 1-8절, 16-21절, 10장 40-42절, 누가복음 6장 20-36절, 골로새서 3장 23-25절, 요한계시록 11장 16-18절 같은 말씀들에서 출발하라.

여기에 소개된 은총은 자만에 빠지지 않도록 막아 주는 구실을 한다. 이편의 희생에서 눈을 돌려 하나님의 너그러우심에 주목하게 해 준다. 영원한 생명과 삶의 핵심은 '무엇을 내려놓았느냐'를 따지는 게 아니라 '주님이 무엇을 주셨느냐'를 바라보는 데 있다. 자연히 하나님이 관심의 초점이 될 수밖에 없다. 영원토록 "베풀어 주신 그 은혜가 얼마나 풍성한지"(엡 2:7) 지켜보며 감격하게 될 것이다.

하나님은 이처럼 상급을 약속하셨을 뿐만 아니라 즐거이 그 언약을 지키신다. 눈앞의 고난 따위로는 감히 견줄 수 없는 엄청난 상급을 장차 받게 되리라는 걸 알기에 그리스도인은 시험을 견디고, 복음을 전하고, 자신을 희생해서 가난한 이들을 도와 가면서 기쁘게 삶을 이어간다.

눈에 보이지 않는 것에 주목하라

"그리스도 안에서 우리가 바라는 것이 이 세상에만 해당되는 것이라면, 우리는 모든 사람 가운데서 가장 불쌍한 사람일 것입니다"(고전 15:19). 어김없는 사실이다. 죽은 이들의 부활이 없다면 바울만큼 가련한 인간도 없을 것이다. 그러나 거꾸로 생각해도 이 말은 참이다. 부활이 있다면 바울만큼 부러움을 살 만한 인물도 없다. 얼굴을 맞대고 만나면 견딜 수 없을 만큼 샘이 날지도 모른다. 당장 자리를 맞바꾸고 싶을 것 같지 않은가? 삶을 다 바쳐 헌신한 덕에 바울은 지난 2천 년 동안 무한한 상급을 누렸다. 세상에서 고단한 세월을 보내면서도 사도에게는 단 한 점 후회가 없었다.

그러므로 우리는 낙심하지 않습니다. 우리의 겉사람은 낡아
가나, 우리의 속사람은 날로 새로워집니다. 지금 우리가 겪는
일시적인 가벼운 고난은, **비교할 수 없을 정도로 영원하고
크나큰 영광**을 우리에게 이루어 줍니다. 우리는 보이는 것을
바라보는 것이 아니라, 보이지 않는 것을 바라봅니다. 보이는

것은 잠깐이지만, 보이지 않는 것은 영원하기 때문입니다(고후 4:16-18, 굵은 글씨는 저자 강조).

보이지 않는 것에 주목하라. 영원한 것에 눈길을 주라는 뜻이다. 덧없는 일에 시선을 빼앗기지 마라. 너나없이 코앞의 현실을 지켜보느라 너무 많은 세월을 낭비하고 있다. 본질을 외면하는 것이야말로 사탄이 가장 원하는 짓이다. 그래서 영원한 것들을 쳐다보지 말라고 속삭인다. 잠시 있다가 사라지는 것들을 무수히 뿌려 대며 거룩한 자녀들을 현혹한다. 쉬 스러질 것에 빠지게 만들려고 안간힘을 쓴다. 도대체 무슨 술수를 부리는 걸까?

이렇게 한 번 해 보라. 눈을 감고 세상의 허망한 것들을 죄다 잊으라. 그리고 하나님께 눈에 보이지 않는 영원한 것들에 관해 말씀드리라. 치열한 노력과 깊은 묵상이 필요한 일이지만 이 글을 읽는 이마다 그렇게 할 수 있기를 기도한다. 잠시라도 짬을 내어 시도해 보라.

천국에 대한 기대감 결핍증

정확한 통계수치를 내세울 수는 없지만 개인적인 경험에 비춰 보면, 미국의 그리스도인들 가운데 예수님과 함께 있을 수만 있다면 가족을 남겨 두고 당장 세상을 등져도 좋다고 여기는 이는 5퍼센트 미만에 지나지 않는다. 온갖 핑계를 가져다 붙일 수 있겠지만 그걸로 다 덮을 수 없는 무언가가 있다.

바울은 이 땅에 머물며 주위의 뭇 사람들을 보살피는 게 얼마나 소중한 일인지 잘 알고 있었지만 주님과 함께 있기를 그 무엇보다 간절하게 소망했다(빌 1:21-26 참조). 오늘 구주의 얼굴을 뵙기보다 좀 더 살아 아들딸이 자라는 모습을 지켜보고 싶다면 하나님의 아름다운 진면목을 제대로 보지 못하고 있는 셈이다. 지금 가 버리면 아이들은 어떻게 될까 걱정스럽다면 하나님의 예비하심을 정확히 파악하지 못한 것이다. 하나님의 소중함과 주권을 더 깊이 깨우칠 수 있도록 기도하라. 하나님의 얼굴을 뵙는 일에 온전히 정신이 팔릴 때까지 열심히 기도하라.

아내 리사와 약혼하고 나서 우스갯소리로 이제 어서 예수님이 다시 오시면 좋겠다고 했지만 속으로는 그래도 신혼여행까지는 잘 다녀왔으면 싶었다. 우리가 천사처럼 착해서가 아니라 하나님의 은혜로 결혼할 때까지 순결을 간직할 수 있었다. 그래서 결혼 첫날밤은 천국을 미뤄 두고라도 맞이하고 싶을 만큼 기대가 되는 시간이었다. 농담인 듯 이야기했지만 하나님은 속내를 아신다. 주님을 소중히 여기지만 그만큼은 아니었다. 그분을 원하지만 '으뜸으로'는 아니었다.

항상 그보다 윗길이 있다. 결혼일 수도 있고 득남이나 득녀, 자식이 커 가는 걸 보는 일, 손자들이 자라는 걸 지켜보는 기쁨일 수도 있다. 천국을 고대하는 걸 가로막는 긴급하고 매력적인 무언가가 늘 존재한다. 다 그런 건 아니지만, 감격이 없는 건 묵상이 부족한 탓일 수도 있다. 천국에 오래 머물지 않기 때문이다. 하지만 더러 더 깊고 은밀한 데서 기대감 결핍증이 생기는 경우도 있다. 바로 '믿음의 부족'이다.

안전하고 확실한 소망을 붙들라

얼마 전에 하나님의 신실하심에 대해 말씀을 전해 달라는 부탁을 받은 적이 있었다. 오래도록 하나님의 여러 성품을 드러내고 소개하는 설교를 해 왔지만 정작 그분의 신실하심만을 떼어 다루기는 처음이었다. 연구하고 기도할수록 내가 무얼 믿고 의지하는지가 더 선명하게 드러났다.

독자들과 마찬가지로 나 역시 평생 속으며 살아왔다. 게다가 내 경우는 남들한테까지 거짓말을 해 왔다. '당신을 믿습니다'라는 말은 대략 85퍼센트쯤 신뢰한다는 뜻이다. 순도 100퍼센트짜리 신뢰는 코흘리개 시절에 사라져 버렸다. 세상 누구보다 아내를 믿지만 간신히 90퍼센트쯤 될 뿐이다. 기껏 선심을 써도 90퍼센트 조금 넘는 수준이다.

살면 살수록 회의는 깊어 갔다. 거짓말에 치를 떠는 게 일상이 되다시피 했다. 이제는 정직한 말을 듣는 게 더 놀라울 지경이다. 그렇지 않은 이들도 있겠지만 대다수는 비슷한 문제로 씨름하고 있으리라 믿는다. 이런 부류의 회의에 빠지는 게 꼭 나쁜 일이라고 생각지는 않는다. 예수님 역시 회의적이셨다.

> 예수께서 유월절에 예루살렘에 계시는 동안에, 많은 사람이 그가 행하시는 표징을 보고 그 이름을 믿었다. 그러나 예수께서는 모든 사람을 알고 계시므로, 그들에게 몸을 맡기지 않으셨다. 그는 사람에 대해서는 어느 누구의 증언도 필요하지 않으셨기 때문이다. 그는 사람의 마음속에 있는 것까지도 알고 계셨던 것이다(요 2:23-25).

인간은 너나없이 얼마만큼은 거짓말쟁이다. 그러니 의심하고 회의하는 건 놀랄 일이 아니다. 스스로 거짓말을 하고 있으니 남들도 그러려니 하는 게 안전하다. 계약이 필요한 까닭이 여기에 있다. 말만 가지고는 충분치 않다. 우리가 사는 세상이 이 모양이다. 하지만 불신의 습관이 하나님의 약속에까지 그림자를 드리운다면 그건 죄가 된다. 아무것도 모를 때는 하나님의 말씀을 인간의 말처럼 치부하기 쉽다.

신경을 곤두세우고 경계하며 사는가? 더 이상 낙심하고 말고 할 것도 없는 최악의 상황에 빠져들고 있는가? 사람들한테 하도 실망해서 다시는 상처를 받고 싶지 않다는 생각뿐인가? 상심하지 않으려 안간힘을 쓰지만 그러다 보니 소망을 품는 힘을 완전히 잃어버렸는가?

하나님은 거룩한 자녀들이 그렇게 사는 걸 좋아하지 않으신다. 도리어 기대감으로 낯이 환하게 빛나길 원하신다. "소망에 대하여 확신과 자부심을"(히 3:6) 갖길 바라신다. 지난날의 거짓말이 장차 이뤄질 하나님의 약속을 바라보며 누리는 기쁨을 가로막지 못하게 하라. 오늘, 눈앞에 펼쳐진 하늘나라를 만끽하라. 사람들은 거짓말을 할지라도 하나님은 결코 속이지 않으신다.

> 하나님의 종이요 예수 그리스도의 사도인 나 바울은,
> 하나님의 택하심을 받은 사람들의 믿음을 일깨워 주고
> 경건함에 딸린 진리의 지식을 깨우쳐 주기 위하여,
> 사도가 되었습니다. 나는 **거짓이 없으신 하나님께서 영원**
> **전부터 약속해 두신 영생에 대한 소망**을 품고 있습니다.
> 하나님께서는 제 때가 되었을 때에 하나님의 이 약속의
> 말씀을 사도들의 선포를 통하여 드러내셨습니다. 나는
> 우리의 구주이신 하나님의 명령을 따라 이것을 선포하는
> 임무를 맡았습니다(딛 1:1-3, 굵은 글씨는 저자 강조).

당장 자신을 검증해 보라. 오늘 임할 하나님나라에 얼마나 감격하고 있는지 1점부터 10점까지 점수를 매겨 보라. 지난 한 주간 동안, 하나님나라에 관한 약속들이 행동과 태도에 얼마나 큰 영향을 미쳤는가?

하나님의 약속을 의심하고 있음을 깨달을 때마다 서글퍼진다. 신뢰하고 기대하는 마음을 품게 도와주시길 주께 기도한다. 날이 밝으면 선물상자를 열어 볼 생각에 잔뜩 흥분해서 잠을 이루지 못하던 어린 날의 크리스마스이브를 기억하는가? 그처럼 기대감이 넘친다는 건 한 점 의심도 품지 않고 있다는 뜻이다. 예수님에 대해서는 그보다 훨씬 큰 기대를 품어야 한다. 주님을 간절히 '기다리고' 있는 상태가 아니라면 무언가 빠지거나 꺼져 있는 셈이다. 실현되기를 막연히 기다리는 식의 소원이 아니라 "안전하고 확실한 영혼의 닻"(히 6:19)과 같은 소망이다. 하나님의 약속을 묵상하며 믿음을 주시길 간구하라.

> 당신들은 주 당신들의 하나님이 참 하나님이시며 신실하신 하나님이심을 알아야 합니다. 주님을 사랑하고 주님의 계명을 지키는 사람에게는, 천 대에 이르기까지 그의 언약을 지키시며(신 7:9).

> 우리는 신실하지 못하더라도, 그분은 언제나 신실하십니다.

그분은 자기를 부인할 수 없으시기 때문입니다(딤후 2:13).

신실함은 하나님의 고유한 성품이다. 하나님이 하실 수 없는 두 가지 일이 있다. 불성실할 수도 없고 속일 수도 없으시다. 그러므로 주님의 언약 가운데 평안히 쉬며 기뻐하라.

그날에 누릴 기쁨

미래가 어떠할지 그려 보기란 쉬운 노릇이 아니지만 그래도 반드시 상상해 봐야 한다. 성경은 여러 가지 이유에서 그리스도인의 미래상을 소상하게 설명한다. 하나님께서는 거룩한 자녀들이 그 모습에 감동하고 기뻐하길 바라신다. 감격은 그리스도와 자신의 부활을 믿는다는 반증이다.

어떻게 하면 독자들에게 천국에서 누릴 기쁨을 잘 설명할 수 있을지 이모저모 궁리해 보았다. 이 글을 읽는 이마다 지금 어딜 향해 가고 있는지 실감하고 짜릿한 감동을 맛보면 좋겠다. 하지만 그걸 어떻게 말로 다 표현하겠는가? 오히려 성경 마지막 대목에서 뽑아낸 몇 구절을 읽는 편이 훨씬 나을 것이다.

계시록은 기대감에 부풀어 마음껏 상상해 볼 수 있도록 생생한 이미지를 동원해 천국을 풀어낸다. 그리스도인은 이렇게 될 것이다. 하늘과 땅이 하나가 되고 하나님이 친히 우리와 함께 사실 것이다. 본문을 천천히 읽으라. 마음의 눈으로 그림을 그려 보라. 감격에 겨워 하나님나라를 갈망하게 될 때까지 몇 번이고 되풀이해 읽으라.

나는 새 하늘과 새 땅을 보았습니다. 이전의 하늘과 이전의 땅이 사라지고, 바다도 없어졌습니다. 나는 또 거룩한 도성 새 예루살렘이, 남편을 위하여 단장한 신부와 같이 차리고, 하나님께로부터 하늘에서 내려오는 것을 보았습니다. 그때에 나는 보좌에서 큰 음성이 울려 나오는 것을 들었습니다. "보아라, 하나님의 집이 사람들 가운데 있다. 하나님이 그들과 함께 계실 것이요, 그들은 하나님의 백성이 될 것이다. 하나님이 친히 그들과 함께 계시고, 그들의 눈에서 모든 눈물을 닦아 주실 것이니, 다시는 죽음이 없고, 슬픔도 울부짖음도 고통도 없을 것이다. 이전 것들이 다 사라져 버렸기 때문이다."
그때에 보좌에 앉으신 분이 말씀하셨습니다. "보아라, 내가 모든 것을 새롭게 한다." 또 말씀하셨습니다. "기록하여라. 이 말은 신실하고 참되다." 또 나에게 말씀하셨습니다. "다 이루었다. 나는 알파며 오메가, 곧 처음이며 마지막이다. 목마른 사람에게는 내가 생명수 샘물을 거저 마시게 하겠다.

이기는 사람은 이것들을 상속받을 것이다. 나는 그의
하나님이 되고, 그는 내 자녀가 될 것이다. 그러나 비겁한
자들과 신실하지 못한 자들과 가증한 자들과 살인자들과
음행하는 자들과 마술쟁이들과 우상 숭배자들과 모든
거짓말쟁이들이 차지할 몫은, 불과 유황이 타오르는
바다뿐이다. 이것이 둘째 사망이다."
…… 나는 그 안에서 성전을 볼 수 없었습니다. 그것은
전능하신 주 하나님과 어린 양이 그 도성의 성전이시기
때문입니다. 그 도성에는, 해나 달이 빛을 비출 필요가
없습니다. 그것은, 하나님의 영광이 그 도성을 밝혀 주며,
어린 양이 그 도성의 등불이시기 때문입니다. 민족들이 그
빛 가운데로 다닐 것이요, 땅의 왕들이 그들의 영광을 그
도성으로 들여올 것입니다. 그 도성에는 밤이 없으므로,
온종일 대문을 닫지 않을 것입니다. 그리고 사람들은
민족들의 영광과 명예를 그 도성으로 들여올 것입니다. 속된
것은 무엇이나 그 도성에 들어가지 못하고, 가증한 일과
거짓을 행하는 자도 절대로 거기에 들어가지 못합니다. 다만
어린 양의 생명책에 기록되어 있는 사람들만이 들어갈 수
있습니다(계 21:1-8, 22-27).

하나님 대신 남편에게 전적으로 기대기 쉽다

겸손이 또렷이 드러나는 결혼, 사명에 초점을 맞추는 결혼 생활을 꾸리자면 헌신과 희생이 필수적이다. 시종일관 중노동도 아니지만 그렇다고 놀이도 아니다. 하나님은 하늘나라에서뿐만 아니라 이 세상에서도 통하는 유익을 약속하셨다.

> 자기를 속이지 마십시오. 하나님은 조롱을 받으실 분이
> 아니십니다. 사람은 무엇을 심든지, 심은 대로 거둘 것입니다.
> 자기 육체에다 심는 사람은 육체에서 썩을 것을 거두고,
> 성령에다 심는 사람은 성령에게서 영생을 거둘 것입니다(갈
> 6:7-8).

그게 사실이라면, 결혼생활을 하면서 성령께 무엇을 심든 지 영적인 축복을 거두게 되리라는 사실을 확신해도 좋을 것이 다. 그런 생각을 해 본 적이 있는가? 알다시피, 성령의 열매는 사 랑과 기쁨과 화평과 인내와 친절과 선함과 신실과 온유와 절제 다(갈 5:22-23 참조). 이런 열매들을 죽 훑어보고 내키지 않아 할 이 가 얼마나 될지 모르겠다. 이들은 성령 충만한 삶을 경험하게 해 줄 자원들이다.

그렇다면 결혼생활을 하면서 어떻게 '성령에다' 심을 것인가? 성경을 읽을수록 이것이야말로 흥미진진한 개념이란 생각이 들었다. 영적인 열매를 거두는 감격을 맛보려면 우선 올바른 씨앗을 뿌릴 줄 알아야 한다.

실천적으로 말하자면, 기도의 씨앗을 심는 데서부터 시작해야 한다. 딱 집어 결혼생활만을 위해 간절히 기도해 본 지 얼마나 됐는가? 아내, 또는 남편을 위해 구체적으로 열심히 기도해 본 지는 또 얼마나 됐는가? 결혼생활이나 배우자를 위해 성실하게 기도하는 그리스도인이 극소수라는 점을 알고 있는가? 극적인 표현을 쓸 맘은 없지만, 어쨌든 기도는 모든 걸 바꿔 놓는다.

기도는 통신선을 열어서 성령과 소통하게 한다. 기도 말고는 주님의 음성을 들을 만큼 예민한 감도를 갖출 길이 없다. 물론 성경을 읽고 알아야 하지만 기도하며 하나님과 대화하지 않으면 반쪽짜리 신앙에 그칠 수밖에 없다. 예수님조차도 여러 차례 무리를 떠나 하늘 아버지와 대화하러 가셨다. 하물며 인간인 우리가 기도하지 않고서 제 구실을 할 수 있을 것 같은가?

주위 사람들 가운데 더없이 경건해 보이는 인물을 머리에 떠올려 보라. 그이들을 돋보이게 하는 요소들을 헤아려 보라. 십중팔구 갈라디아서에 기록된 덕목들과 별 차이가 없을 것이다. 사랑이 넘치며, 늘 기뻐하고, 항상 평온하다. 그렇지 않은가? 어떻게 그처럼 영적인 은총을 누리게 되었는지 그들에게 물어보

라. 개인적인 경험에 비춰 보면, 그처럼 경건한 그리스도인들은 하나같이 기도하고, 말씀에 충실하며, 실천하는 사람들이다.

겸손하게 부르짖으면 듣고 응답하시겠다는 말씀은 지극히 경이로운 하나님의 약속이다.

> 내가 고통 가운데서 주님께 부르짖고, 나의 하나님을 바라보면서 살려 달라고 부르짖었더니, 주님께서 그의 성전에서 나의 간구를 들으셨다. 주님께 부르짖은 나의 부르짖음이 주님의 귀에 다다랐다(시 18:6).

늘 우리가 원하는 답을 주시겠다는 게 아니라 하나님이 친히 들으시겠다는 약속이다. 주님은 부르짖음을 들으신다. 그분을 위해 살기를 소망하면 어김없이 바른 길로 이끌어 주신다.

바울은 씨 뿌리는 비유(성령에다 심는 사람)를 들면서 내가 가장 좋아하는 약속을 제시한다. 농부는 참을성이 있어야 한다. 밭을 마련하고, 땅을 갈고, 씨를 뿌리고, 물을 주고, 보살펴 가며 낟알을 기다린다. 이런저런 피해를 입지 않도록 애써 지킨 끝에 마침내 곡식을 거두고 고된 노동의 열매를 만끽한다.

> 선한 일을 하다가, 낙심하지 맙시다. 지쳐서 넘어지지 아니하면, 때가 이를 때에 거두게 될 것입니다(갈 6:9).

안다. 지친 이들도 있을 것이다. 원만치 않은 결혼생활을 붙들고 올바른 일에 마음과 생각을 집중하려 날마다 안간힘을 쓰는 아내, 또는 남편들이 있을 것이다. 사노라면 한두 번쯤은 다 집어치우고 싶은 마음이 들 것이다. 그런 순간에 붙잡아야 할 말씀이 여기에 있다. 포기하지 않으면 반드시 열매를 거두게 된다는 가르침이다.

> 지금 우리가 겪는 일시적인 가벼운 고난은, 비교할 수 없을 정도로 영원하고 크나큰 영광을 우리에게 이루어 줍니다(고후 4:17).

알고 나면 절대 포기할 수 없는 "영원하고 크나큰 영광"이 있다. 반드시 붙잡아야 할 소중한 약속이 바로 이것이다. 지금 결혼생활이 이러저러하다는 데 너무 집착한 나머지 장차 펼쳐질 영원할 삶, 끝없이 누리게 될 약속들을 잊어서는 안 된다. 설령 천국에 가는 날까지 성취되지 않는다 할지라도 한결같이 하나님의 약속을 좇아 행하는 그리스도인의 본보기가 된다는 게 얼마나 엄청난 일인지 알아야 한다.

가끔 하나님께만 얻을 수 있고 또 그래야 하는 걸 결혼생활에서 갈구하는 게 아닌가 하는 의구심이 들 때가 있다. 끝까지 약속을 신실하게 지키는 분은 주님뿐이다.

더러 남편에게서 내 존재감을 확인하고 싶어 하는 경우도 있다. 떠받들어 주고, 칭찬해 주고, 없으면 안 될 사람이란 느낌을 소망한다. 이것이 꼭 나쁘다고 할 수는 없지만, 주님은 문득 부드럽게 일깨워 주신다. '네 값어치를 확인해 줄 수 있는 건 나뿐이란다. 네 필요를 완벽하게 채워 줄 수 있는 존재도 나뿐이지. 내게 오렴. 바닥에 떨어질지라도 일으켜 높이 세워 주마. 쓸데없이 남편한테 무거운 짐을 지우지 말고!'

간혹 남편과 단절감이 느껴지면, 이제는 하나님과 얼마나 가까이 지내고 있는지부터 확인하게 되었다. 남편이 죽었다 깨나도 채워 줄 수 없는 걸 얻어 내려 안간힘을 쓰는 아내가 얼마나 많은지 모른다. 물론 아내에게 그런 걸 찾는 남편도 수두룩하다. 비현실적인(게다가 경건하지도 않은) 기대에 매달려 헛심을 쓰는 부부 역시 허다하다.

하나님은 모든 필요를 채워 주시겠다고 약속하신다(빌 4:19 참조). 결코 떠나지 않겠다고 장담하신다(히 13:5 참조). 아무것도 그분의 사랑에서 떼어놓을 수 없다고 확언하신다(롬 8:38-39 참조). 누구도 주님의 손에서 거룩한 자녀들을 채갈 수 없다고 못 박아 말씀하신다(요 10:27-29 참조). 건강한 결혼생활을 원한다면 먼저 하나님의 약속을 신뢰하고, 배우자를 돌아보기 전에 주님을 바라봐야 한다.

망치로 뒤통수를 세차게 얻어맞은 것처럼 일생일대의 큰

충격을 받았던 적이 있다. 얼마나 놀랐던지 지금도 또렷이 기억난다. 남편과 함께 결혼기념 여행을 하던 중이었다. 저녁을 먹고 마주 앉아서 어떻게 하면 더 좋은 아내가 될 수 있을지 물었다(가끔씩 서로 묻고 답하던 질문이었다). 남편의 대답은 뜻밖이었다. 자기한테 너무 기대고 지나치게 큰 기대를 품는 게 아닌가 싶다고 했다. 하나님께 더 의지하고 누구보다 먼저 그분께 달려가면 좋겠다고도 했다.

허를 찔린 기분이었다. 솔직히 말하자면, 순풍에 돛 단 듯 순항하고 있는 줄 알던 터라 다소 충격적이었던 게 사실이다. 대꾸할 말을 찾아 마음속을 뒤적거려 봤지만, 남편이 백번 옳다는 사실을 하나님께서는 선명하게 보여 주셨다. 남편이 이끄는 대로 고분고분 따라가는 착한 아내가 되려고 애쓰다가 하나님과 동행하는 데 소홀했다는 점이 뼈아팠다. 예수님의 발치에 앉아서 보내는 중요한 시간을 걸렀고 무슨 일이 생기든 곧장 남편한테 달려갔다. 남편을 지치게 했을 뿐만 아니라 하나님과의 교제를 망가뜨렸다.

영적인 삶을 꾸려 가는 데 필요한 요소들 가운데 상당 부분은 기도하면서 하나님과 씨름하고, '주님의 뜻을 기다리며' 거룩한 음성 들을 줄 알게 되면서 차츰 얻는 법이다. 결혼한 여성들과 이야기할 기회가 있으면 종종 주님을 무엇보다 우선하도록 기도하고, 씨름하며, 갈망하라고 권한다. 하나님은 남편을 쓰

서서 아내의 필요를 적잖이 채워 주실 수 있을지 모르지만 목마름을 완전히 해결해 줄 궁극적인 샘물은 오로지 주님뿐이다. 소망하고 씨름하는 바를 남편에게 숨기라는 얘기가 아니다. 핵심은 어디서 출발하느냐에 있다. 남편더러 하나님이 되라고 채근해 봐야 실패를 거듭할 수밖에 없다. 하지만 하나님께 하나님이 되어 주시길 요청한다면, 남편은 남편 그 이상의 존재가 될 것이다.

어쩌면 결혼생활을 둘러싼 대부분의 심적인 고통은 그리스도와 나누는 영적인 교통이 부족한 탓일지도 모른다. 영적인 필요들을 방치해 둔 까닭에 관계적인 결핍에 시달리게 됐을지 모른다는 뜻이다. 이제 하나님과 동행하는 삶의 자세를 든든하게 구축할 때가 됐다.

요즘 들어 '강한 여성'이 되라는 이야기를 숱하게 듣는다. 도대체 무슨 소린가? 강한 여자란 어떻게 생긴 여성을 말하는가?

얼마 전, 남편과 함께 에티오피아에 가서 그곳 여성들의 삶을 보면서 무척 놀랐다. 그들처럼 죽어라고 일하는데도(육체적인 중노동) 형편은 그다지 나아지지 않는다면 어떤 기분일지 생각하면 가슴이 먹먹해진다. 집에 수도가 없다면 어떤 삶을 살게 될까? 날마다 2-3킬로미터씩 걸어가서 플라스틱 그릇에 물을 채워다가 생활용수로 쓸 수 있을까? 좁다란 움막 안에 피워 놓은 조그만 모닥불에 의지해서 밥을 지어 먹고 살 수 있을까? 사시장철 한 벌뿐인 지저분한 치마저고리를 걸치고 지낸다면 어떤 느낌이

들까? 차디찬 겨울 밤, 몸을 덥혀 줄 난방장치 하나 없이 추워 떠는 아이들을 재워야 한다면 어떻게 될까?

하지만 에티오피아에서 만난 여성들은 날이면 날마다 그렇게 살아갔다. 처지가 그러한데도 웃음을 잃지 않았다. 그만큼 강한 여성들이 또 있을까? 혹시라도 급식 프로그램에 낄 수 있을까 싶어 아기를 품에 안고 앉아 하염없이 차례를 기다리던 여인들과 눈길이 마주쳤던 순간을 잊을 수가 없다. 말은 오가지 않았지만 분명 대화를 나누는 느낌이었다. 여인들은 눈으로 말을 건넸다. '우린 모두 엄마예요. 우리 아이들을 잘 보살피고 싶어요.' 나도 말했다. '사랑해요, 여러분. 무엇보다 하나님이 여러분을 사랑하세요.'

어느 날, 그런 마을들을 둘러보고 돌아오는 길에 언덕 위에 서 있는 나무 한 그루를 보았다. 굵고 튼튼한 몸통에서 뻗어 나온 근사한 가지마다 어여쁜 초록 잎사귀들이 빽빽이 달려 있었다. 주님이 말씀하시는 것 같았다. '저게 바로 강한 여인의 모습이란다.'

강한 여성은 하나님 말씀에 뿌리를 깊이 내리는 동안 끈질기게 참으며 기다린다. 시간이 흐르면 마침내 믿음 위에 서서 흔들리지 않게 된다. 자연스레 열매가 삶에 한 가득 열린다. 보는 이마다 강건하고 성숙한 모습에 끌리고 적잖은 이들이 그 여인에게 기대서 쉼과 평안을 누린다. 폭풍우가 몰아치고 시험이 닥치지만 늘 그러하듯 고꾸라지거나 자빠지지 않는다. 가지가 몇 개 부러져 나가기도 하고 일부러 쳐 주기도 하지만 그 자리에서 새로운 생명이 자라난다.

바로 그런 여인이 되길 진심으로 소망한다. 하나님의 약속에 닻을 내리고 요동하지 않는 여인 말이다. 그러려면 하나님의 말씀에 뿌리를 내리는 작업부터 해야 한다. 자신을 내세우고, 관심을 요구하며, 스스로의 유익을 추구하는 한 그런 일은 일어나지 않는다. 그리스도를 내세우고, 주님께 주목하며, 그분의 영광을 추구해야 가능하다.

그러기만 하면 하나님은 우리 삶에 좌정하신다. 얼마나 멋진 일인가! 성경은 이렇게 말한다. "주님 앞에서 기뻐하면 힘이 생기는 법이니, 슬퍼하지들 마십시오"(느 8:10). 갈라디아서에 따르면 기쁨 역시 성령의 열매 목록에 들어 있다. 인간이나 물질에서는 절대로 참되고 영원한 기쁨을 얻을 수 없다. 결혼은 기쁨의 근원이 아니다. 수많은 사람이 그렇게 믿고 있지만 그건 사실이 아니다. 결혼생활에서 기쁨을 얻을 수 있는 까닭은, 하나님과 동행하는 가운데 기쁨이 충만해지며 그분의 약속을 굳게 믿기 때문이다.

하나님이 주시겠다고 약속하신 선물들을 결혼생활이나 배우자에게서 찾아내려 발버둥치는 헛수고를 멈춰야 한다. 참다운 능력, 참다운 기쁨, 참다운 만족은 죄다 하나님이 약속하신 열매들이며 오로지 그분을 통해서만 얻을 수 있다.

'영원한 생명'이라는 렌즈 끼기

베드로는 누구든 "근시안이거나 앞을 못 보는"(벧후 1:9) 지경에 이를 수 있다고 말한다. 인간은 잠시 있다가 사라질 것에 눈이 멀어 정작 중요한 걸 보지 못하기 쉽다. 아무 짝에도 쓸모없는 요소들 때문에 미래의 유산과 흔들리지 않는 안전, 하나님이 영원토록 쏟아부어 주시려는 은혜를 죄다 놓치고 지내는 건 정신 나간 짓이다.

덧없는 것들에 매달리다 보면 구원의 기쁨과 미래의 영광은 금방 시야에서 멀어진다. 지금 눈앞에 펼쳐지는 상황에 초점을 맞추게 된다. 발등의 불에 신경을 쓰지 말라는 얘기가 아니라 영원한 생명이란 렌즈를 통해 문제를 들여다보아야 한다는 뜻이다. 무엇이 됐든지 간에 기쁨을 빼앗아 가게 내버려 둘 수는 없다.

진실한 믿음을 가진 이는 언젠가 반드시 보이지 않는 손에 붙들려 새로운 존재가 될 것이다. 그때는 지금 안달복달하며 집착하는 것들 가운데 대다수를 대수롭지 않게 여기게 될 것이다. 그러므로 그리스도인은 누가복음 16장에 나오는 지혜로운 청지기와 같은 마음가짐을 가져야 한다. 그는 지금 차지하고 있는 자리가 한시적임을 알고 슬기롭게 미래에 대비했다. 이처럼 우리가 장래에 대한 하나님의 약속에 기대어 오늘의 결혼생활을 꾸리고 가꿔 가게 되길 기도한다.

부부가 함께하는
예수 제자 훈련

미래에 대한 하나님의 약속을 이야기하면서 '지금 이렇게 해 보라!'라고 제안하는 게 다소 비현실적으로 보일지 모른다. 하지만 바로 그게 일이 돌아가는 방식이다. 주님이 미래를 말씀해 주신 덕에 우리는 지금 이 세상을 어떻게 살아가야 할지 가늠할 수 있다(벧후 3:11 참조). 생각을 돕는 다음 몇 가지 제안들을 잘 활용해 보라. 하지만 거기에 그치지 마라. 결혼생활을 하는 내내 장래에 관한 하나님의 약속을 곱씹고 배우자와의 관계를 거기에 맞춰 조율해야 한다.

✿ 하나님나라 묵상하기

: 천국을 마음에 품는 시간을 가지라. 생각의 물꼬를 트기 위해 요한계시록 21-22장을 읽어 보길 권한다. 읽되, 천천히 읽으라. 머릿속에 그림을 그려 보라. 스스로 요한이 되어 마지막 날의 환상을 보고 있다고 상상하라.

:	어떤 모습일지 그려 보라. 어떤 기분이 들겠는가? 어떤 현실 문제
	들이 해소될 것 같은가? 천국을 그토록 간절히 사모하는 까닭은 무
	엇인가? 하나님의 얼굴에서 나오는 광선이 너무 밝아서 해도 달도
	빛을 잃는 세상을 힘닿는 데까지 생생하게 가늠해 보라. 이런 묵상
	은 심령을 치유하고 소망이 더 뜨겁게 타오르게 한다.

:	끝으로, 세계의 종말을 바라보는 비전에 따라 넓게는 현재의 삶 전
	반을, 좁게는 결혼생활을 빚어 가야 한다. 세상의 종말에 관한 하나
	님의 약속을 좇아 결혼생활을 이끌어 갈 수 있고 또 마땅히 그러해
	야 한다면, 구체적으로 어떻게 하는 게 좋을지 생각을 정리해 적어
	보라. 배우자와 비교해 보고 그 비전이 진정 결혼생활의 중심이 될
	수 있는 방법에 관해 솔직한 의견을 나눠 보라.

❋ 소망을 평가해 보기

: 소망은 성경적인 개념이지만 그리스도인들마저도 엉뚱한 소망을 갖기 십상이다. 어디에 참 소망을 두고 있는지 평가해 보라. 가혹하리만치 정직하게 헤아려야 한다.

1. 어떤 방식으로 배우자에게 소망을 두고 있는가?

2. 만족과 기쁨을 얻고 필요를 채우기 위해 누굴 바라보는가?

3. 오로지 하나님께만 소망을 두는 문제와 관련해 스스로 참
   잘한다 싶은 점은 무엇인가?

4. 같은 이슈에 있어 형편없이 부족하다 싶은 점은 무엇인가?

: 이 문제를 최대한 정직하게 가늠해 본 뒤에 그 결론을 가지고 배우자와 대화를 나누라. 상대방이 동의하는지, 또는 무언가를 더하거나 빼고 싶어 하는지 들어 보라. 이건 아주 조심스럽고 예민한 작업이다. 그러므로 사랑하는 마음으로 부드럽고 정직하게 대화를 이끌어 가야 한다. 그리스도의 장성한 분량까지 성숙해 가도록 서로 약점을 솔직하게 짚어 주라.

: 소망의 초점을 그리스도께 더 정확하게 맞추고 또 더욱 그러하도록 서로 도울 구체적인 방도를 찾아보라.

: 여기서 나눈 이야기들을 가지고 함께 기도하라.

6

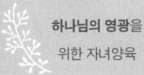

하나님의 영광을
위한 자녀양육

하나님이 맡기신 보석,
제빛을 내게 하라

자식들을 우상으로 삼고 칭송과 감사가 돌아오길 기대했던
아빠 엄마들은 역풍을 맞는 중이다.

"애가 일곱이나 된다고요?"

"고달프시겠군요."

"조금만 신경 쓰면 얼마든지 피할 수 있었을 텐데, 어쩌다가⋯⋯."

이런 얘길 귀에 못이 박이도록 듣는다. 그리스도인이나 예수님을 모르는 이들이나 똑같은 소릴 한다. 한 자녀, 또는 두 자녀 정도는 다들 축복으로 쳐 주지만 그보다 많으면 제 정신이냐는 눈치를 주기 일쑤다. 우리 아이들이 너무 예뻐서 넋이 나갈 지경인 우리로서는 그런 반응이 희한한 사고방식이다.

가식적으로 들릴지 모르겠지만, 솔직히 말해서 내게는 아이들을 지나치게 사랑하지 않도록 조심하는 게 더없이 큰 씨름이다. 잠깐이라도 경계를 늦추면 그리스도보다 그 인간의 탈을 쓴 천사들에게 으뜸가는 사랑과 관심을 쏟기 십상이다. 아들딸이 짐처럼 보이고 좀처럼 곁을 주지 못해서 힘겨워하는 이들도 많지만, 나처럼 자식들과의 관계에 매몰될까 노심초사하는 이들도 적지 않다.

성경이 가르치는 진리를 말하자면, 하나님은 그분의 영광을 위해 가정을 지으셨으며 그 안에서 기쁨을 얻기를 원하신다. 아이들을 사랑하면서도 하나님을 예배하며 소명에 충실한 생활양식을 갖도록 이끌 수 있는 길이 있다. 궁극적으로 부모와 자녀 모두에게 깊은 충족감을 안겨 주는 길이며, 지금은 물론이고 영원토록 만족을 누리게 되는 길이기도 하다.

하나님은 자녀를 이런 존재로 보신다.

> 자식은 주님께서 주신 선물이요,
>
> 태 안에 들어 있는 열매는,
>
> 주님이 주신 상급이다.
>
> 젊어서 낳은 자식은
>
> 용사의 손에 쥐어 있는 화살과도 같으니,
>
> 그런 화살이 화살통에 가득한 용사에게는 복이 있다.
>
> 그들은 성문에서 원수들과 담판할 때에,
>
> 부끄러움을 당하지 아니할 것이다(시 127:3-5).

득점을 올리게 된 공을 팀 동료들에게 돌리는 운동선수처럼 아이들이 무언가를 이루면 부모가 영예를 얻게 되어 있다. 하나님은 뒤에 늘어선 많은 자녀들 덕에 "부끄러움을 당하지 아니할 것"이라고 말씀하신다. 그런데 무슨 연유로 자녀들을 인생의 장애물쯤으로 생각하는지 알다가도 모를 노릇이다.

시간의 역사가 시작된 이래로 인간은 대가족을 부러워해 왔다. 식구가 많은 가정을 보면 눈을 떼지 못하고 "얼마나 좋으세요!"란 소릴 되풀이했다. 그런데 미국에서는 지난 20년 새에 태도가 싹 달라져서 "생각만 해도 끔찍하군요!"가 돼 버렸다. 이런 마음가짐을 갖게 된 데는 여러 가지 이유가 있겠지만(경제적인 부담, 늘어나는 일거리, 사라지는 자유와 같은), 자녀를 부정적인 시각으로 보게 된 주요인은 터무니없이 부실한 양육방식이 아닐까 싶다. 막무가내로 구는 여러 자녀들은 화살통에 가득한 굽은 화살 같아서 쏘아 보낸 이에게 도로 날아오게 마련이다.

'복'으로 주신 자녀, '짐'으로 만들지 말라

훌륭한 부모란 어떤 이들을 가리키는 걸까? 아이들이 원하는 건 뭐든지 다 들어 주는 아빠 엄마인가? 아니면 시키는 일을 딱딱 해내도록 훈련하는 부모인가? 그렇다면 아이가 신발 끈을 제대로 맬 줄 모른다면 양육에 실패했다고 봐야 한다. 정말 그럴까? 젓가락질에 서툰데도 아이를 참 잘 키웠다고 봐야 하는 걸까? 그렇게 따지면 할 일이 좀 많은가? 아이들이 제 손으로 빨래를 하고, 집을 치우고, 나중에는 일터에 나가서 돈을 벌어야 하는 게 아닌가?

아들딸을 위해 뭐든지 다 해 주려고 안간힘을 쓰는 속셈은 무엇인가? 꼭 필요한 존재가 되고 싶어서인가? 아이들이 좋아하고, 고마워하며, 칭찬해 주길 바라서인가? 꼬맹이들의 '친구'가 되려는 것인가? 어쩌면 그냥 그편이 잘 맞고 수월해서인지도 모른다.

하지만 실제로는 끊임없이 보살피고 돕는 바람에 아이들을 게으르게 만드는 폐해를 스스로 부르고 있는 꼴이다. 그러다간 결국 아이들을 짐으로 만들게 된다. 부모들이 자녀를 복으로 보지 못하게 되는 요인이기도 하다. '화살통에 가득한 화살'을 반기지 않는 까닭이 된다. 살을 날카롭게 벼리지 않으며 꺼내 쓰는 법도 없다. 그저 사시장철 등에 지고 다닐 뿐이다. 아무 쓸모가 없다. 사용할 뜻도 없이 끌고 다니는 게 전부다.

스스로 필요를 느끼고 소명감과 책임감을 가질 때에만 비로소 무언가를 성취할 수 있다. 실감을 못할지 모르지만 이건 정말 중요한 사실이다.

교회에서도 마찬가지다. 목회자가 교인들을 먹이는 사람

이 되도록 가르치지 않고 떠먹이는 데 급급한 경우가 얼마나 많은지 모른다. 그렇게 되면 양들은 지나치게 의존적이 된다. 그 상태에서 제멋대로 하게 내버려 두면 실패할 수밖에 없다. 스스로 제 짐도 지지 못하고 남들도 돕지 못하니 목회자에게 짐이 되는 게 당연하다. 대형교회의 목회자들은 큰 짐들을 짊어지고 있다. 복이 아니라 부담이 된다. 하지만 그 주제는 다른 저자에게 맡기고 여기선 이만하기로 하자.

아이들은 가장 좋은 친구들이기도 하다. 참으로 좋은 일이다. 하지만 잊지 말아야 할 게 있다. 우정을 가꾸는 데 너무 큰 공을 들이다가 자신이 부모라는 사실까지 까먹어선 안 된다. 아빠 엄마는 친구 이상이 되어야 한다. 예를 들자면, 또래들한테는 절대 바랄 수 없는 어떤 권위를 가진 인물이어야 한다. 하나님은 자녀들의 삶에 부모를 두서서 사랑이 넘치는 그분의 권위를 대표하게 하신다. 주님은 아빠 엄마들에게 아들딸을 양육하고, 섬기는 법을 가르치며, 미래를 준비시킬 책임을 맡기셨다.

'하나님의 영광'을 알도록 양육하기

우리 부부는 아이들이 부모보다 하나님을 더 사랑하도록 키우고 싶어 한다. 우리보다 주님을 더 깊이 신뢰하고, 더 기뻐하며, 그분 안에서 더 안전감을 느끼면 좋겠다. 그러자면 몸소 보여 주는 게 가장 좋은 방법이라고 믿는다. 부모가 자기 자녀보다 하나님을 더 사랑한다는 걸 똑똑히 각인시켜 주어야 한다는 뜻이다.

아이들의 직관력은 부모들의 짐작보다 훨씬 더 뛰어나다. 아빠 엄마가 말뿐인지 정말인지 단번에 꿰뚫어본다. "너희들보다 예수님을 더 사랑해"란 소리를 하루 종일 입에 달고 다닌다 하더라도 아이들은 아빠 엄마가 어디다 시간과 돈을 쓰는지 단박에 알아차린다. 무엇에 관심을 쏟는지, 기도하고 예배하는지 여부를 정확히 알고 있다. 우리가 언제 가면을 뒤집어쓰고 속임수를 쓰는지 다 안다.

감쪽같이 속여 넘겼다고 믿을지 모르지만 속내가 탄로 나는 건 시간문제다. 아이들은 금방 자라서 상황을 정확히 파악해 낼 줄 알게 되기 때문이다. 멀리 갈 것 없이 저마다 스스로의 부모를 떠올려 보면 알 일이 아닌가! 청소년기에 들어서면서부터 지난날을 돌아보며 아빠 엄마의 관계가 어땠는지 금방 가늠하게 되지 않았던가! 진짜 서로 사랑했는지 아니면 그냥 겉모습만 그렇게 꾸몄는지, 신앙생활이 종교적인 의무였는지 생명의 근원이었는지, 예수님을 자식보다 더 사랑했는지 여부를 한눈에 가늠하지 않았던가!

개인적으로 수많은 젊은 친구들과 이야기를 나눠 보았다.

미국 교회에 새 바람이 불고 있다. 예수님의 소중함을 깨달은 젊은이들이 미적지근한 신앙을 가졌던 부모를 향해 품었던 원망을 떨쳐 버리려 힘겹게 싸우고 있다. 자식들을 우상으로 삼고 칭송과 감사가 돌아오길 기대했던 아빠 엄마들은 역풍을 맞는 중이다. 윗세대가 모범을 보여 주지 않았음에도 불구하고, 젊은 친구들은 예수님을 깊이 사랑하게 되었고 더러는 부모들을 점잖게 타이르고 설득하기까지 한다. 자녀들의 모습을 보고 실제로 회개하는 부모들도 심심찮게 볼 수 있다. 얼마나 근사한 일인가!

감동적인 성공담이 꼬리를 잇고 있지만, 아직 대세가 아니라는 건 부인할 수 없는 사실이다. 통계에 따르면, 멀쩡하고, 안온하며, 교회에 잘 다니고, 가족을 으뜸으로 치는 집안에서 자란 아이들 가운데 절대다수가 18세 무렵에 교회를 등지고 절대 돌아오지 않는다고 한다. 그중에는 아빠 엄마를 사랑하지만 예수님을 사랑하지 않는 사례가 많다.

부모라면 누구나 어떨 때 마음이 가장 아플지 물어야 한다. 아이들이 더 이상 부모를 사랑하지 않을 때인가, 아니면 더는 예수님을 사랑하지 않을 때인가? 심각하고 진지하게 스스로 질문을 던져 보라.

아이들이 진심으로 예수님을 사랑하면 참맘으로 부모를 사랑하게 된다. 얼마나 멋진 일인가! 장담할 수 있다. '온 마음을 다해 신앙을 삶으로 살아 내는' 아빠 엄마에게 깊이 고마워할 줄 모르면서 진정 예수님을 사랑하는 이들을 본 적이 없다. 뿐만 아니라, 예수님을 사랑하는 이들은 그분의 계명을 지키게 마련인데(요 14:15 참조), 주님은 주위에 있는 이들을 깊이 사랑하라고 명령하셨다(막 12:28-31; 요일 4:19-21 참조).

하나님은 부모에게 거룩한 본보기가 되는 것과 아울러 그분에 대해 가르치는 교사가 되기를 요구하신다. 서글프게도 부모들 가운데 열에 아홉은 이 책임을 외면하고 주일학교 선생님이나 청소년부 리더가 대신해 줄 거라 믿는다. 힘을 보태는 것도 훌륭한 일이지만 직접 하나님과 거룩한 계명을 자녀들에게 가르치는 게 주님의 명령이라는 사실에는 변함이 없다(신 6:4-8 참조).

아내와 함께 아이들에게 하나님의 영광이 무엇인지 알려주는 과정을 예로 들어 보면 이렇다. 우선, 끊임없이 성경 말씀을 활용해서 하나님의 거룩하심을 일깨운다. 아이들에게 그냥 주님을 믿으라고 이야기하는 데 그쳐서는 안 된다. 그분이 어떤 분이신지 설명해야 한다. 저마다 자신의 아들딸들에게 적용해 보라. 하나님의 영광을 말로 표현하라. 디모데전서 6장 15-16절을 꼬맹이들의 시선에 맞춰 풀이하라.

하나님은 복되시고 유일하신 주권자이시며 만왕의 왕이시며 만주의 주시요 오직 그에게만 죽지 아니함이 있고 가까이 가지 못할 빛에 거하시고 어떤 사람도 보지 못하였고 또 볼 수 없는 이시니 그에게 존귀와 영원한 권능을 돌릴지어다 아멘(개역개정).

아이들에게 "하나님"이 "유일하신 주권자"라는 건 그분이 '세상을 다스리는 유일한 분'이라는 뜻임을 알려 주라. 어린 나이에서부터 아빠 엄마도, 심지어 스스로도 삶을 좌지우지할 수 없음을 알아야 할 필요가 있다. 모든 건 하나님의 손에 달렸다. "만왕의 왕"이 무얼 가리키는지 확실하게 이해하도록 가르치라. 모든 권위는 하나님께로부터 나온다. 그러므로 아빠 엄마보다 주님을 더 존중하고 존경해야 한다. 아빠 엄마도 다른 무엇보다 예수님께 더 깊이 순종한다는 사실을 자녀들에게 보여 주라. 주님이 무얼 하라고 명령하시면 군말 없이 즉각 행동에 옮기라. 아이들에게 설명하고 어떻게 행동해야 하는지 몸소 본을 보이라.

내쉬고 들이마시는 숨 하나하나가 하나님의 선물임을 일러 주라. "오직 그에게만 죽지 아니함이" 있기 때문이다. 나무든, 동물이든, 인간이든 하나같이 주님으로부터 생명을 얻어 살고 있다. 그러므로 하루하루가 모여서 그분이 허락하신 삶이 된다.

하나님의 영광이란 개념은 빨리 익힐수록 유익하다. 주님은 "가까이 가지 못할 빛에" 머무신다는 걸 알아야 한다. 그분은 우리와 다르다. 인간으로서는 감히 바라볼 수조차 없다. 하나님과 우리 사이에는 커다란 간격이 있음을 아이들은 알아야 한다.

주님의 주권과 위엄, 거룩함 때문에 인간은 자신이 아니라 하나님의 영광을 위해 살아야 한다. "존귀와 영원한 권능"을 삶의 구심점에 놓아야 한다. 스스로가 아니라 예수님을 중심으로 세상이 돌아간다는 사실을 자녀들에게 가르치고 보여 주어야 한다. 인간은 주님을 위해 살게 되어 있다.

거의 모든 아이가 '자기중심적인' 단계를 거친다. 세상이 자신을 중심으로 돌아간다고 믿는 것이다. 울음을 터트리고는 어른들이 종종걸음을 치며 젖병이나 담요 따위를 들고 온다든지 팔에 안고 어르는 모습을 주의 깊게 관찰한다. 언제든 아이가 방에 들어서기만 하면 관심의 초점이 된다.

아기들에게는 지극히 당연한 일이다. 갓 걸음마를 뗀 아이들에게도 특별한 관심을 기울여야 한다. 문제는 네다섯 살, 열살, 열여섯 살, 심지어 서른 살이 돼서도 똑같은 현상이 일상적으로 지속된다는 점이다. 안타깝게도 삶을 마치는 순간까지 여전히 세상이 자신을 중심으로 돌아가며 당연히 그래야 한다고 믿는 이들이 수두룩하다. 제대로 양육하지 못하면 그런 마음가짐을 일찌감치 바로잡을 수 없다.

기도를 가볍게 여겨선 안 된다는 점을 분명히 가르쳐 주라. 식사기도도 마찬가지다. 기도시간이 되면 우리 부부는 반드시 텔레비전을 비롯한 전자제품들을 끄게 하고 함부로 돌아다니지 못하게 엄히 단속한다. 마땅히 존중받으셔야 할 거룩하신 하나님을 예배하고 있음을 온 가족에게 일깨울 기회로 삼는 것이다. 오로지 하나님께만 주의를 기울이고 왕이신 주님의 위엄에만 눈길을 준다. 그저 예식을 행하거나 전통을 이어가는 게 아니다. 가까이 가지 못할 빛에 머무시는 하나님께 감사하고 있는 것이다. 하나님이 거룩하시므로 적어도 우리 집에서는 기도 역시 신성하게 여긴다. 하나님이 자기들보다 훨씬 중요한 분이므로 아빠 엄마가 주님과 이야기하고 있는 동안은 방해해선 안 된다는 걸 아이들도 알아야 한다.

온종일 하나님을 설명하려고 애를 쓰다 보면, 잠들기 직전이야말로 대화를 나누기에 으뜸가게 좋은 시간임을 금방 알게 될 것이다. 꼬맹이들은 늘 자러 가기보다 미주알고주알 이야기하는 걸 더 좋아하므로 더없이 좋은 기회가 된다. 우리는 하루 종일 어떻게 지냈는지 듣고 틈날 때마다 그 일 하나하나마다 하나님이 중심에 계셔야 한다는 메시지를 전한다. 또 주님께 '순종하고 싶지 않았던' 순간이 있었는지 나누고 그럼에도 불구하고 꼭 그래야 한다는 다짐을 둔다. 우리는 아빠 엄마도 이기적인 마음가짐과 씨름하고 있다는 것과, 이것이 하나님의 영광을 위해 살려는 누구에게나 피할 수 없는 싸움임을 아이들이 깨닫도록 돕고 싶다.

하나님이 교사를 비롯한 어른들에게 권위를 주셨으므로 그런 인물들을 존경하고 존중하는 게 대단히 중요하다는 점을 상황이 허락할 때마다 아이들에게 가르친다(롬 13장 참조). 이는 대단히 중요한 일이다. 권위를 존중할 줄 모르는 자세는 교만의 또다른 형태로, 금방 하나님에 대한 불경으로 확산될 수 있기 때문이다.

> 자녀 된 이 여러분, [주 안에서] 여러분의 부모에게
> 순종하십시오. 이것이 옳은 일입니다. "네 부모를
> 공경하라"고 하신 계명은, 약속이 딸려 있는 첫째 계명입니다.
> "네가 잘되고, 땅에서 오래 살 것이다" 하신 약속입니다. 또
> 아버지 된 이 여러분, 여러분의 자녀를 노엽게 하지 말고,
> 주님의 훈련과 훈계로 기르십시오(엡 6:1-4).

본문에 따르면, 권위를 존중하도록 자녀들을 가르쳐야 할 심오한 신학적인 이유가 있다. 부모의 권위를 존중하지 않는 아이들은 하나님의 권위마저 가벼이 여기기 때문이다. 주님의 명령을 무시하고 반역의 길로 들어선다.

개인적으로는 아이들이 어떤 경우에도 아빠 엄마에게 점잖지 못한 말을 하지 못하도록 엄하게 다잡는다. 적극적으로 권위를 행사해서 권위가 무엇인지 체득하게 돕는다. 권력을 휘두르는 행위와는 차원이 다르다. 행동거지를 통해 하나님의 모습을 구현해 보여 주는 건 아빠의 책무에 해당한다.

그리스도인은 함부로 대접해도 마냥 받아들이기만 하는 연약한 하나님을 섬기는 게 아니므로, 꼬맹이들이 꼬박꼬박 말대답을 해도 오냐오냐하는 아버지가 되지 않으려 한다. 집안을 휘저으며 자란 아이들은 커서도 하나님의 가르침이 제 뜻과 기분에 맞지 않을 때마다 명령을 내리신 하나님의 권세에 회의를 품게 된다. 사랑이 넘치는 리더십을 부모가 몸소 보여 주는 가정에서 자란 아이라 할지라도 하나님을 존중하고 그분께 복종한다는 보장은 없지만, 적어도 그게 뭘 의미하고 어떤 모습인지 정도는 잘 알게 될 것이다.

'복음' 따라 양육하기

복음의 진리들은 자녀양육에 관해서도 풍부한 실마리를 제공한다. 그리스도인이라면 누구나 의로움의 근거가 하나님께 있으며 경건한 삶을 살 수 있는 능력 또한 성령에게서 비롯된다는 사실을 알고 있다. 그런데 부모의 입장이 되면 형편이 달라진다. 아이를 키우는 데도 어김없이 적용되는 원칙임을 새카맣게 잊어버리고 마는 것이다.

부모의 소망은 하나님뿐이고, 자녀의 소망도 하나님뿐이어야 한다. 성령이 그 가운데 계시지 않으면 부모 노릇은 처음부터 끝까지 변종으로 전락하고 만다. 성령이 없다면, 아이들은 결국 주님의 뜻을 거스를 수밖에 없다. 하지만 하나님의 영은 모든 걸 변화시킨다. 성령이 아이들의 중심에 역사하고 계시다는 사실을 믿는가? 그렇다면 바로 그 영이 적당한 시점과 방법으로 역사하시리라는 점도 신뢰할 수 있을 것이다.

오래전, 첫째 딸아이가 힘겨운 씨름을 벌이던 시절이 있었다. 신앙생활을 한다지만, 평생 얻어들은 기독교적인 이야기들을 앵무새처럼 되풀이하는 수준에 불과함을 한눈에 알 수 있었다. 성령의 열매라고는 찾아볼 수가 없고 죄가 삶을 지배했다. 선한 일을 하지 않는 건 아니지만 착한 일을 한다는 것과 성령이 초자연적으로 역사하신다는 건 하늘과 땅만큼이나 다른 문제다.

솔직히 말하자면, 눈물 마를 날이 없는 서글픈 시기였다. 언젠가 아내는 물었다. "우리가 부모 노릇을 잘못한 건 아닐까?" 난 그렇게 생각지 않는다고 대꾸해 줬다. 우리는 예수님과 가족, 이웃을 사랑하는 모범을 보이며 살았다. 딸아이는 우리 부부 안에 성령이 역사하시는 걸 지켜보며 컸다. 결혼생활과 자녀양육이 완벽했다는 애긴 결코 아니지만, 하나님을 중심에 모신 결혼생활과 가정생활을 나름대로 잘 보여 주었다고 믿는다.

아이들을 구원해 달라는 건 예나 지금이나 우리 부부의 가장 큰 기도제목이다. 하지만 당시에 딸아이에게 해 줄 수 있는 일이 아무것도 없었다. 그래서 기도했다. 수없이 간구했다. 아이의 눈을 열어 믿음을 심어 주고 주님을 사랑하게 만들 분은 오로지 하나님뿐이었다. 마음만 먹으면 얼마든지 강압적으로 딸애를 옭아맬 수 있겠지만, 그런다고 해서 아이의 행동이 영구적으로 바뀔 것 같지는 않았다. 하나님은 오로지 성령만이 희망임을 선명하게 알려 주셨다. 하나님의 영이 개입해 주지 않으시면, 아이가 제 마음에 내키는 대로 엇나가는 걸 막을 방도를 찾아 전전긍긍하는 것 말고는 달리 도리가 없었다. 하지만 성경의 가르침은 달랐다. 성령이 아이에게 임하시면 분명히 새 사람으로 거듭날 수 있다고 되어 있었다. 본성이 변해서 죄가 삶을 뒤흔들지 못하며 의로움이 지배하게 된다는 것이다.

그리고 정말 그런 역사가 일어났다. 성령이 임하셨다는 딸애의 고백을 듣던 날을 죽어도 잊지 못할 것이다. 감격스러웠지만 미심쩍기도 했다. 당장은 변화된 모습을 보이지만 얼마나 오래갈까 의심스러웠다. 몇 주가 흐르고 다시 몇 달이 지나면서, 모든 게 정말 달라졌다는 사실이 또렷해졌다.

오랜 시간이 흘렀지만, 딸애의 삶에 역사해 주신 성령께 지금도 감사를 드린다. 아이는 새로운 피조물이 되었다. 완전한 인간이 되지는 않았지만 나날이 온전해지고 있다. 이제는 죄를 짓지 못하게 방안에 가둬 두려 안달을 하는 게 아니라, 머무는 곳을 비추는 빛이 될 수 있도록 자신 있게 세상에 내놓게 되었다. 이것이 바로 성령이 하시는 일이다.

아이들의 삶 가운데 성령이 임하시는 걸 보면서, 아내와 나는 자식들을 손에서 놓을 수 있었다. 하나님의 영이 역사하시는 걸 확인한 뒤부터는 서서히 부모의 리더십에서 벗어나 성령의 리더십에 따르도록 가르쳤다. "그는 흥하여야 하고, 나는 쇠하여야 한다"(요 3:30)라는 세례 요한의 말 그대로였다. 자녀를 키우는 마음가짐은 그러해야 한다. 아이들이 부모를 총체적으로 의지하는 데서 하나님께 완전히 기대는 쪽으로 옮겨 가는 게 목표가 되어야 한다.

아빠 엄마의 역할은, 참다운 아버지요 진정한 주인을 따르는 법을 가르치는 데 있다. 그다음에는 보내 주어야 한다. 참 주인에게 돌려보내는 게 당연하기 때문이다. 자녀들을 하나님의 보살핌에 맡긴다는 건 곧 그분을 깊이 의지한다는 반증이기도 하다. 물론, 계속 집착하면서 통제하려는 자세는 정반대의 상황을 보여 주는 증거가 된다.

자녀들의 삶에서 지속적으로 의미심장한 역할들을 수행하지 말라는 의미가 아니다. 아이들이 하나님께로, 복음의 진리로 돌아가도록 쉴 새 없이 안내하는 게 부모의 소임이라는 뜻일 따름이다. 바울이 디모데에게 그랬던 것처럼(딤후 1:6-7 참조), 부모는 그리스도 안에서 아이들이 소유하고 있는 능력을 일깨워 주어야 한다. 그리스도인들은 늘 "사랑과 선한 일을 하도록"(히 10:24) 서로 격려하는 데 마음을 써야 한다. 이는 아이들을 포함해서 모든 그리스도인이 평생 감당해야 할 책무다.

간단히 정리하자면, 우리는 언제나 아들딸들의 필수품이 아니라 복이 되길 원한다. 아이들에게 진정으로 필요한 건 하나님뿐이다. 아내와 나는 우리가 아이들의 삶 전반에 걸쳐 복이 되게 해 주시길 주께 간구한다.

이 글을 쓰는 내내, 예수님을 따르지 않는 자녀를 둔 수많은 부모를 의식하지 않을 수가 없었다. 남의 얘기가 아니란 생각이 드는가? 아이들 가운데서 성령의 열매를 찾아볼 수가 없어서 마음이 쓰리고 아픈가? 아들딸들이 복음을 거부하는 탓에 어디서부터 실마리를 풀어 가야 할지 난감한가? 아니면, 자녀들이 말로는 예수님을 부인하지는 않지만 행동으로 주님을 거절하고 있는가?

우선 위로의 뜻을 전하고 싶다. 우리 부부는 그 아픔이 얼마나 뼈아플지 상상조차 못 하겠다. 솔직히 말하자면, 무슨 말을 해야 신앙을 갖지 않은 자녀를 둔 그리스도인 아빠 엄마들의 마음을 다독일 수 있을지 지금도 감이 잡히지 않는다. 바울의 표현을 빌자면, 마음 깊이 사랑하는 이들이 그리스도를 거부하는 까닭에 "큰 슬픔이 있고 …… 끊임없는 고통"(롬 9:2)을 겪는 그리스도인들이 정말 많다. 어떠한 형편에서도 기뻐할 줄 알았고, 또 주님 안에서 늘 기뻐하라고 가르쳤던 바울 역시 죽는 날까지 고질적인 괴로움에 시달렸다. 희한하게도 그런 점을 떠올리면 적잖이 위안을 얻을 수 있다.

격려의 말이랍시고 해 줄 수 있는 얘기라고는 기도의 능력을 기억하라는 당부가 전부다. 간구했더니 기적적으로 응답해 주셨다는 간증을 수없이 들을 뿐만 아니라, 여러 차례 경험하기도 했다. 자녀들을 위해 금식하며 꾸준히 기도하라. 하나님 말씀에 힘이 있음을 알고 계속해서 그 안에 깊이 침잠하며 아이들에게도 그렇게 권면하라. 주님을 믿지 않는 아들딸마저도 아빠 엄마에게 임하신 하나님의 임재를 부정할 수 없는 삶을 살라.

그리스도인 부모들에게는 자녀들이 어떻게 반응하든 상관없이 복음의 빛을 비춰 줄 책임이 있다. 하나님이 세상을 다스리듯, 부모는 집안을 이끌어야 한다. 주님이 거침없이 상과 벌을 베푸시듯, 아빠 엄마도 하나님의 영광을 염두에 두고 기도하며 보상과 징계를 내려야 한다. 아이들이 잘못을 저지르면, 주님이 용납해 주신 것처럼 용서하는 모습을 보여야 한다. 하나님이 무조건적으로 사랑해 주셨듯이,

아이들이 무슨 짓을 하든지 희생하고 헌신하는 본보기가 되어야 한다. 아이들은 부모의 행동거지를 보면서 복음이 생명을 가져다준다는 사실을 체감할 수 있어야 한다. 아들딸들이 그리스도를 매력적인 존재로 느끼고 온 삶을 바쳐서 그분을 더 잘 알아 가고 싶어 할 만큼 주님을 생생하게 보여 주는 아름다운 표상이 되어야 한다는 얘기다.

'본 되신 예수님' 따라 양육하기

몇 년 전, 학교에서 돌아온 딸애가 낙제점을 받은 시험지를 보여 주었다. 눈에는 실망한 기색이 역력했다. 한편으로는 아빠가 어떻게 반응할지 걱정스러워하는 눈치였다. '낙제'라는 성적은 무지가 아니라 게으름의 산물이라는 걸 우리 둘 다 알고 있었다. 다음 순서가 무언지도 당연히 알았다.

하지만 그날 밤, 아이에게 은혜를 가르쳐 줘야겠다는 생각이 들었다. 엄하게 훈계하는 대신, 딸애를 데리고 나가서 저녁을 먹고, 영화를 보고, 아이스크림까지 먹었다. 그리고 오늘 이런 시간을 보낸 건 하나님이 그리스도를 통해 어떤 일을 해 주셨는지 실감나게 보여 주려는 뜻이라는 설명을 덧붙였다. 죄를 지었음에도 불구하고 하나님은 진노를 쏟으시는 대신 은혜에 잠기게 해 주셨다.

그것만으로도 멋진 밤이었지만 압권은 다음 날이었다. 친구들이 아빠한테 야단맞지 않았느냐고 묻자, 딸애는 지난밤 낙제점을 받은 걸 털어놨다고 대꾸했다. 친구들이 뒷일을 궁금해하자, 아빠가 이만저만한 일들을 해 주고 복음에 대해 이런저런 설명을 하더라고 전했다. 딸애의 말로는 아이들이 몹시 부러워하더라고 했다. "나도 그런 아빠가 있으면 좋겠다!" 이에 나는 때를 놓치지 않고, 다른 이들이 보고 '나도 그런 하나님이 있으면 좋겠다'라고 생각할 만큼 하나님의 은혜를 띌 듯이 기뻐하는 삶을 살아야 한다고 일러 주었다. 그러곤 곧바로 열심을 내서 공부를 시작해야 한다는 이야기도 들려 주었다.

물론 아이들이 빵점을 받을 때마다 아이스크림을 사 주는 건 아니다. 딱 한 번, 은혜를 가르치기 위해 그랬을 뿐이다. 흥미롭게도, 제 행동에 대해 마땅히 값을 치러야 할 상황을 전폭적인 은혜의 국면으로 바꿔 놓기 위해서는 '주님께서는 사랑하시는 사람을 징계하신다'라는 사실을 잊지 말아야 한다(히 12:6 참조).

'아이들은 부모의 지식이 아니라 일상에서 더 많은 걸 배운다'고들 한다. 성경에 나오는 얘기는 아니지만 귀담아 들을 만한 말이다. 좋든 나쁘든, 아빠 엄마한테 물려받은 습관이나 말투, 태도 같은 것들이 누구에게나 있다. 강의실에 앉아 수업을 들으며 배운 게 아니라 저도 모르는 사이에 복제하게 된 것들이다(싫어서 피하려 안간힘을 쓰다가 결국 갖게 되는 사례도 허다하다).

우리 아이들은 집 안에 식구들만 있는 경우를 거의 보지 못하며 자랐다. 지낼 데가 없어서 쩔쩔매는 이들이 있으면 누구한테든 기꺼이 집을 개방하며 살아온 까닭이다. 그런 이들 가운데는 나중에 둘도 없는 친구가 된 이들도 적지 않다. 말할 수 없이 불편한 구석이 수두룩하지만 그리스도를 본받아 호의와 사랑을 베풀고 싶어서 하는 일이다.

손님들 때문에 아이들이 눈물바람을 한 적이 한두 번이 아니다. 지금은 웃으며 돌아볼 수 있게 되었지만, 당시에는 몹시 고된 일이었다. 그러나 적어도 그리스도를 본받는 게 늘 쉽지는 않음을 가르쳐 주었다는 점에서는 좋은 추억이라고 해야 할 것이다. 자랄 때 자주 그런 경험을 했던 덕에 아이들은 제 집을 가지게 된 뒤에도 가난한 이들에게 서슴없이 공간을 내 주고 있으며 그러지 않는 걸 도리어 이상하게 여길 정도가 됐다.

부모는 평생, 꾸준히 아이들을 섬겨서 다음 세대가 그리스도의 본을 볼 수 있게 해 주어야 한다. 하지만 한편으로는 다른 이를 섬기도록 자녀들을 가르쳐야 한다. 자식들 역시 그리스도의 모범을 따라 살아야 한다는 얘기다. 아들딸을 섬기는 데 그치는 게 아니라 남을 섬기도록 지도하는 것까지가 부모의 일이다. 열심히 일하고 저금해서 노후를 안락하게 보내고 자식들에게도 한몫씩 유산을 남겨야 한다는 게 대다수 현대인들의 사고방식이다. 하지만 그러다 섬길 줄 아는 인간으로 성장하는 데 지장을 주면 어찌할 것인가?

짐이 되고 싶어 하는 사람은 세상 어디에도 없겠지만, 성경은 실제로 자식들이 부모를 봉양하는 걸 하나님이 기뻐하신다고 가르친다.

어떤 과부에게 자녀들이나 손자들이 있으면, 그들은 먼저
자기네 가족에게 종교상의 의무를 행하는 것을 배워야

하고, 어버이에게 보답하는 것을 배워야 합니다. 이것이
바로 하나님께서 그들에게 원하시는 일입니다. ……
누구든지 자기 친척 특히 가족을 돌보지 않으면, 그는 벌써
믿음을 저버린 사람이요, 믿지 않는 사람보다 더 나쁜
사람입니다(딤전 5:4, 8).

그리스도인들은 어려서 자신을 섬겨 준 부모에게 복스러운
존재가 되는 걸 영광으로 여길 줄 알아야 한다. 하나님은 부모를
짐으로 치부하는 게 아니라 기쁘게 섬기도록 인간을 설계하셨
다. 오래오래 살게 된다면, 언젠가는 아이들이 나를 보살펴 주면
좋겠다. 훗날 아빠 엄마를 돌보는 걸 영광으로 받아들이는 너그
러운 자식들로 자라 주면 더 바랄 게 없다.

'사명' 따라 양육하기

일이 많다. 누구한테도 결코 뒤지지 않을 만큼 여기저기 돌
아다닐 일도 많다. 비행기를 타지 않는 주간이 없을 정도다. 그
때마다 '식구들과 집에 있으면 얼마나 좋을까?' 하는 생각이 간
절하다. 개중에는 '나쁜 아빠'라고 혀를 차는 이들도 있을지 모른
다. 입씨름이라도 벌이고 싶은 심정이다. 최대한 상상력을 동원

해 봐도, 아이들에게 소홀한 적은 단 한 번도 없었다. 하지만 하나님은 통상적인 가정생활에서 벗어나 그분을 섬기라고 부르셨다. 개인적으로는 거기에 따르는 게 아이들에게도 좋은 일이라고 믿는다.

예수님을 따른다는 건 개인적인 욕구를 제쳐 두고 그 결과가 더 나으리라는 점을 신뢰하는 행위를 가리킨다. 주님이 "나를 따라오려는 사람은, 자기를 부인하고, 날마다 자기 십자가를 지고, 나를 따라오너라"(눅 9:23)라고 말씀하신 까닭도 거기에 있다. 훌륭한 자녀양육이란 그 무엇보다 하나님이 주신 사명이 우선한다는 사실을 보여 주는 걸 말한다. 창조주가 의도하신 관계의 본보기가 될 만큼 사랑스러운 가정을 일구는 일 역시 주요한 사명임에 틀림없지만, 가정을 뒤로 미뤄 두고 더 큰 뜻을 앞세우는 것 역시 소중하다(마 10:37 참조).

주님이 주신 사명을 이루기 위해서라면 식구들끼리 단란하게 함께하는 저녁식사나 피아노 연주회, 축구경기에 얼마든지 빠질 수 있음을 아이들에게도 알려 주어야 한다. 하나님을 향한 사랑과 그분에 대한 섬김을 따로따로 분리해 생각하는 서구교회에서는 그다지 환영받을 만한 소리가 아니다. 입으로는 주님을 가장 사랑한다고 말하지만 사소한 일들 앞에서도 무너지는 허무한 고백이기 십상이다. 예수님은 느낌과 감정 이상의 무언가를 요구하셨다. 문자 그대로 삶이 흐트러지고 심지어 끝나기도 할 만큼 강력한 희생이 필요함을 지적하셨다.

> 그들이 길을 가고 있는데, 어떤 사람이 예수께 말하였다.
> "나는 선생님이 가시는 곳이면, 어디든지 따라가겠습니다."
> 예수께서 그에게 말씀하셨다. "여우도 굴이 있고, 하늘을 나는
> 새도 보금자리가 있으나, 인자는 머리 둘 곳이 없다."
> 또 예수께서 다른 사람에게 "나를 따라오너라" 하고
> 말씀하셨다. 그러나 그 사람이 말하였다. "[주님,] 내가 먼저
> 가서 아버지의 장례를 치르도록 허락하여 주십시오." 그러나
> 예수께서는 그에게 말씀하셨다. "죽은 사람들을 장사하는
> 일은 죽은 사람들에게 맡겨두고, 너는 가서 하나님 나라를
> 전파하여라." 또 다른 사람이 말하였다. "주님, 내가 주님을
> 따라가겠습니다. 그러나 먼저 집안 식구들에게 작별
> 인사를 하게 해 주십시오." 예수께서는 그에게 말씀하셨다.
> "누구든지 손에 쟁기를 잡고 뒤를 돌아다보는 사람은 하나님
> 나라에 합당하지 않다"(눅 9:57-62).

제3세계에서 빈곤과 기근 문제를 해결할 해법을 찾으려 안간힘을 쓰는 동안, 집에서는 아이들이 아빠가 보고 싶다고 울어 댈 때가 있다. 그런 경우, 아내는 가까이서 보살펴 주지 못하는 아빠를 둔 게 얼마나 복된 일인지 조곤조곤 가르쳐 준다. 강의

때문에 집을 비운 사이에 꼬맹이들이 아빠를 찾으며 보채면, 아내는 영원토록 중요한 일이 무언지 설명해 준다. 집에 돌아오면 얼마나 보고 싶었는지, 항상 더불어 지낼 수 있기를 얼마나 간절히 바라는지 재확인시켜 준다. 그러고 나서 내 사명이 어디에 있는지 기억을 되살린다. 아이들이 조금 자라면 한 녀석씩 이곳저곳 사역지에 데려가서 함께 사명을 좇아 일한다.

잠시 아빠를 놓아 줘서 아빠 없는 친구들을 보살필 수 있게 배려하는 법을 배우는 건 아이들의 건강에 큰 도움이 된다. 가난한 이들을 위해 희생하는 법을 공부할 수 있기 때문이다. 사명에는 끝없이 고통을 당하는 이들을 구해 내는 일도 포함됨을 알려 주는 일은 대단히 중요하다. 그리스도인은 너나없이 더 큰 목적을 위해 기꺼이 희생할 줄 알아야 하는 까닭이다.

사실, 희생의 현장을 목격하지 못한 아이들은 훗날 스스로 믿는다고 고백하는 걸 정말 믿는지 의심스러워하기 쉽다. 지금은 어릴지라도 언젠가는 다 자라서, 아파하고 죽어 가며 지옥 문턱에서 헤매는 이들이 숱한 판국에 우리 가족끼리만 즐기는 데 그토록 많은 시간을 투자할 이유가 무언지 논리적으로 캐고 들 것이다. 이는 교회교육을 받으며 자란 아이들 가운데 75퍼센트가 18세가 되기 무섭게 등을 돌리고 마는 현실과도 연관이 있으리라 본다. 머리로 생각하는 믿음과 행동 사이의 격차를 알아차리고 위선에 환멸을 느끼기 때문이다.

내 친구 브래드와 베스 부저 부부는 파푸아뉴기니 선교사로 정글 속 이테리(Iteri)족 마을에서 원주민들과 함께 살았다. 복음을 전하면서 이테리어를 익히고 문자를 만들어 주민들이 난생처음 부족어를 읽을 수 있게 하는 한편, 신약성경을 이테리어로 번역하는 작업을 했다. 그런 사역을 통해 주님들이 구원을 받고 교회가 섰으며, 부부가 떠난 뒤에도 흔들리지 않을 정도가 됐다.

브래드와 베스는 파푸아뉴기니 정글에서 네 자녀를 키웠다. 아이들은 아빠 엄마가 어렵고 힘든 일들을 견뎌 내는 모습을 똑똑히 지켜보았다. 폭력적인 협박이든(원주민들은 창을 코앞에 들이대기 일쑤였다), 심각한 풍토병이든(브래드는 코마상태에 빠져 비행기로 긴급 후송되기도 했다), 또는 날이면 날마다 그리스도를 모르는 이들에게 복음을 전하는 일이든 낱낱이 목격했다.

아이들이 열여덟 살이 넘고도 복음에 등을 돌리지 않는 걸 브래드는 일생일대의 축복으로 여긴다. 게다가 아이들에게 이야기할 수도 있다. "알다시피, 아빠 엄마는 복음을 위해서라면 뭐든지 희생할 수 있어. 목숨까지도 내놓을 거야. 이제 너희도 가서 그렇게 살아 보렴." 자식들에게 떳떳하게 그런 얘길 할 수 있는 그리스도인이 얼마나 되겠는가?

이테리족이 사상 최초로 예수님을 예배하게 된 것과 브래드와 베스의 자녀들이 모두 예수님을 사랑하고 그중 첫째와 둘째는 다시 정글로 돌아가 다른 부족에게 복음을 전하고 있다는 사실 가운데 어느 쪽이 더 큰 복인지 모르겠다.

하나님이 주신 사명에 가장 큰 우선순위를 두라. 하나님을 섬기는 모습을 아이들에게 보여 주고 동참할 기회를 주라. 일단, 아이들이 섬기는 기쁨을 경험하고 나면, 부모가 세상을 떠난 뒤에도 신실하게 하나님을 위해 사는 꿈을 꾸어도 좋을 것이다.

'하나님의 약속' 따라 양육하기

날마다 천국(heaven)에 관해 이야기하라. 영원한 삶을 염두에 두고 결정을 내리는 법이야말로 자녀들에게 줄 수 있는 가장 큰 가르침이다. 당장 코앞에서 벌어지는 물리적인 현실적인 문제들을 외면하라는 뜻이 아니라 영생이라는 관점에서 그 이슈를 처리하라는 얘기다.

아이들에게 인생은 짧고 불확실하지만, 미래는 분명하다는 점을 가르치라. 장례식에 참석하거나, 가까운 이의 임종을 지키거나, 집에서 키우던 애완동물이 죽는 경험은 하나같이 이 진리를 마음에 새기는 데 도움이 된다. 어린 친구들의 눈을 가려 현실을 보지 못하게 하는 부모가 얼마나 많은지 모른다. 아이들이 스스로 진상을 파악하는 건 시간문제일 따름이다. 어려서부터 차근차근 실체를 파악하게 하도록 돕고 죽음이 왜 중요한지 가르치라.

우리 부부는 아이들을 중요한 결정에 참여시키고 그 까닭을 설명해 준다. 통장에 들어온 돈을 다시 다른 데로 흘려보낼 때마다 알리고 천국에 투자하고 싶어서라고 말해 준다(마 6:19-20 참조). 한 점 숨김없이 이런 일들을 해 온 덕에, 아이들은 우리를 통해 갖가지 방식으로 일하시는 하나님의 손길을 지켜보는 축복을 누리고 있다. 주님이 지극히 작은 일까지 철저하게 약속을 지키시는 걸 바라보며 영원토록 풍성한 삶을 주시겠다는 거룩한 언약을 확고한 믿음으로 받아들인다.

천국을 굳게 믿고 감격스러워하는 나머지 남들이 들으면 어디 아픈 게 아닌가 싶을 만한 이야기도 서슴지 않는다. 한번은 온 가족이 비행기에 타고 있었는데, 우리 아이 하나가 말했다. "아빠, 이 비행기가 추락하면 정말 멋질 것 같지 않아요? 그럼 온 가족이 한꺼번에 천국에 갈 수 있잖아요!" 정말 그렇겠다고 대꾸해 주었지만, 주위에 있던 다른 승객들은 별 희한한 집안 다 보겠다고 생각했을 게 틀림없다.

우리는 아이들로 하여금 죽음을 너무 두려워하지 않도록 가르쳤다. 모르긴 해도, 아빠 엄마가 예수님 곁으로 가는 날에 관해서도 마음의 준비를 갖추고 있을 것이다. 여느 집 자식들처럼 몹시 슬퍼하겠지만, 그리스도를 등지기보다 깊이 신뢰하리라 믿는다. 아주 어려서부터 인생은 지극히 짧고 한치 앞을 내다볼 수 없음을 머리에 심어 주었다. 그러기에 영원을 바라보고 살며 장래에 관한 하나님의 약속을 기뻐할 수 있는 거라고 늘 일러 주었다.

──◈◈◈── 리사의 말 ──◈◈◈──

복음을 살아 내려 최선을 다하는 부모

아이들의 감독관이 아니라 친구가 되려는 싸움은 생각보다 치열하다.

아직 자녀가 없는 한 젊은 기혼 여성을 만난 적이 있다. 자녀가 비신자와 데이트하는 문제를 두고 대화하다가, 우리 꼬맹이들에게 입버릇처럼 하는 얘기를 들려 주었다. 우리 아이들이 전심으로 예수님을 따르고 있다면, 우리 부부는 우리 아이가 예수님을 따르지 않는 상대와 깊은 관계를 맺는 걸 지지하지 않을 거라고 말이다. 나이와 상관없이 같은 기준을 적용할 것이란 얘기에 그녀는 무척 놀라는 눈치였다. 그러다가 아이들이 하나님을 등지게 될까 걱정했다.

솔직히 말하자면, 그런 사고방식이 오히려 더 실망스러웠다. 주님을 따르는 걸 그처럼 말랑말랑한 일로 소개하면 하나님의 계명을 따르는 과정이 얼마나 힘든지 깨닫기가 어려워지지 않을까? 그것이야말로 아이들을 위험에 빠트리는 메시지가 아닐까? 몇 살 때 어떤 명령을 지켜야 하는지 골라내고 선택해야 한다는 뜻이니 말이다.

문제는 아이들이 주님을 등지지 않으리란 보장이 없다는 사실이다. 어린 친구들 역시 죄인인지라 하나님을 위해 사는 법을 배워 가는 과정에서 이러저러한 방식으로 반역을 저지르게 될 가능성이 높다. 하지만 나로서는 어린 마음을 달래 주기 위해 기준을 낮추거나 설탕버무리로 포장하는 부모가 되고 싶지는 않다. 타협하는 건, 우리가 하나님보다 아이들의 반응을 더 두려워한다는 걸 나타낸다. 그런 두려움을 품고 부모 노릇을 하려는 마음가짐은 떨쳐버리기 어려운 유혹이다.

그날로부터 며칠이 지난 뒤, 우연히 이런 말씀과 마주쳤다.

> 오늘 내가 당신들에게 증언한 모든 말을, 당신들은 마음에
> 간직해 두고, 자녀에게 가르쳐, 이 율법의 모든 말씀을 지키게
> 하십시오. 율법은 단지 빈 말이 아니라, 바로 당신들의
> 생명입니다(신 32:46-47).

하나님 말씀과 부닥치는 순간마다 아이들과 기꺼이 맞서겠는가? "사랑으로 진리를 말하지" 말라는 얘기가 아니라 어린 심령을 향해 진정이 담긴 관심을 보이라는 말이다. 아이들에게 베

풀 수 있는 가장 큰 사랑이 무엇인지 스스로 물어보라. 하나님의 법을 함부로 대하도록 방치하는 것인가? 아니면 붙들고 살아야 할 기준으로 삼게 가르치는 것인가? 무엇보다 중요한 건 이 명령들이 곧 생명이라는 점이다.

사무엘서의 엘리 제사장을 기억하는가? 엘리의 사연은 말 그대로 흥미진진하다. 본인은 신실한 제사장이었지만 장남과 차남은 '행실이 나쁘고' 주님을 '무시했다.' 엘리도 자식들이 저지르고 다니는 악행을 들어 알고 있었다. 제 몫이 아님에도 불구하고 제물로 바치는 고기를 마음대로 가져가고 힘으로 빼앗기도 했으며 성전에서 여인과 동침하기까지 했다.

성경의 기록에 따르면, 엘리 제사장이 아들들을 꾸짖었다. "너희가 어쩌자고 이런 짓을 하느냐?"라고 분명히 지적했다. 하지만 하나님께서는 그처럼 악행을 일삼는 아들들을 제사에서 완전히 배제시키고 벌하기를 기대하셨다. 하지만 엘리 제사장이 그 뜻을 받들길 기꺼워하지 않았던 탓에 주님은 친히 엄중한 심판을 내리셨다.

때가 오면, 내가 엘리의 집을 두고 말한 모든 것을, 처음부터 끝까지 다 이루겠다. 엘리는, 자기의 아들들이 스스로 저주받을 일을 하는 줄 알면서도, 자식들을 책망하지 않았다(삼상 3:12-13).

이전에도 하나님께서는 엘리가 자식들을 주님보다 더 소중히 여긴다고 질타하셨다(삼상 2:29 참조). 이는 엄중한 본문이다. 하나님이 당신의 아들딸들에게 순종을 요구하신다는 걸 잊어서는 안 된다. 아이들에게 아주 어릴 때부터, 주님 말씀에 토를 달아선 안 된다는 사실을 각인시켜 주어야 한다. 젊은이들에게 순종을 기대하시는 하나님의 마음을 보여 주는 성경 말씀은 한두 구절이 아니다(예를 들어, 창 18:19; 삼상 2:18-19; 삼상 2:26; 시 71:17; 눅 18:15-17; 딤전 4:12 참조).

십대들 역시 하나님의 법에서 예외가 될 수 없다. 나이가 들어갈수록 즐거이 주님을 따를지 여부를 결정하기 위해 힘겨운 씨름을 벌이게 마련이다. 하지만 거역하고 돌아설까 두려워 하나님이 정하신 표준을 낮출 수는 없다.

우리 아이들이 하나님과 동행하기를 거부한다고 상상만 해도 마음이 찢어질 듯 아프다. 그만큼 견디기 어려운 일도 없을 것이다. 하지만 우리가 성령을 대신할 수 없다는 건 엄연한 사실이다. 오로지 성령만이 아이들의 삶으로 들어가 새로운 심령으로 바꾸시고 주님을 좇고자 하는 소원을 심어 주실 수 있다.

솔직히 말하자면, 내 마음 한 구석에, 무슨 일이든 굽지 않게 하고, 성경 말씀을 바르게 가르치며, 무릎을 꿇고 기도하면 우리 아이가 예수님을 사랑하는 멋진 젊은이로 성장하리라는 소망이 숨어 있다. 분명히 어떤 공식 같은 게 있을 것이라는 믿음이다.

하지만 그건 그릇된 판단이다. 여기가 바로 우리가 겸비할 수밖에 없는 지점이다. 부모들은 스스로 그리스도를 닮아 가려고 악착같이 노력해야 한다는 건 지당한 얘기다. 성경 말씀을 명확하게 자녀들과 나눠야 한다는 데도 이견이 있을 수 없다. 아빠 엄마의 가장 큰 무기는 기도다. 하지만 그렇게 한다고 해서 아이들의 구원을 보장할 수 있는 건 아니다. 그건 단 한 분, 하나님의 몫이다.

다만, 하나님의 임재 가운데 쉼을 누리는 데는 이런 일들이 큰 힘이 된다. 진정으로 아이들을 사랑하고 힘닿는 데까지 사랑이 넘치는 예수님의 모습을 심어 줄 수도 있다. 자녀들이 힘겨워하거나 방황하기 시작해도 포기하지 마라. 믿음을 삶으로 살아 내라. 원수가 거짓말을 속삭이고 소망을 앗아가서 결국 좌절에 빠트릴 여지를 주지 마라.

부모는 완벽하지 않다. 앞으로도 마찬가지일 것이다. 너나 없이 실패한 아빠, 실패한 엄마들이다. 하지만 정말 중요한 질문은 따로 있다. 그리스도를 좇아가려고 안간힘을 쓰는 모습이 삶에 여실히 드러나는가? 그렇다면, 주저앉지 말고 실수를 겸손하게 인정하라. 그렇지 않다면, 회개하고 하나님이 부모뿐만 아니라 자녀의 삶도 변화시키신다는 사실을 믿으라.

하나님과 동행하는 문제를 진지하게 받아들이는 마음가짐

이야말로 아이들을 돌이키기 위해 주님이 사용하시는 유일한 재료인지도 모른다. 놀랍지 않은가?

얼마 전에 어느 젊은 부부가 어떻게 하면 아이들과 친밀한 관계를 유지할 수 있는지 물었다. 아이 엄마는 말했다. "저는 어렸을 때 부모님한테 아무 말도 하지 않았거든요." 그게 정말이라면, 자식과 전혀 다른 형태의 관계를 맺고 싶어 한다는 사실 자체가 제대로 방향을 잡고 첫발을 내딛었다는 뜻이다.

질문에 답하면서 깨달은 게 있다. 배우자와 끈끈한 관계를 유지하는 게 곧 자녀와 끈끈한 관계를 유지하는 비결이라는 점이다. 아이들이 느끼는 안전감 가운데 상당 부분은 아버지와 어머니 사이의 유대가 탄탄하다는 믿음에서 온다. 생각해 보라. 그리스도를 따르는 게 무언지 가르치고 배우자와 더불어 집에서 그런 삶을 살아 낸다면, 자녀들도 무슨 소릴 하는지 금방 알아듣게 마련이다. 부모, 그리고 그 삶에 맺힌 성령의 열매를 보고 마음을 줄 것이다.

성실하게 결혼생활을 꾸려 가는 태도는 아이들에게 어마어마한 영향을 끼친다. 아빠와 엄마 사이에 갈등이 벌어지고 드문드문 힘든 시기를 보내는 걸 아이들이 눈치 채지 못하게 하란 얘기가 아니다. 그럼에도 불구하고 절대로 망가지지 않는 진수가 있음을 알려 주란 뜻이다. 주일이면 아침 일찍 일어나 아이들을 차 안에 몰아넣고 정신없이 교회로 달려가지만 나머지 엿새는 제멋대로 사는 식이어서는 해법을 찾기 어렵다. 부모가 무촌, 또는 일촌 관계에서 복음을 살아 내는 모습을 보게 되면, 아이들은 세상이 아니라 성경을 좇아 사는 게 무얼 의미하는지 선명한 그림을 그리게 될 것이다.

자녀들 앞에서 배우자를 어떻게 대하느냐가 결정적이다. 자리를 비웠을 때 남편이나 아내에 대해 어떻게 이야기하느냐가 대단히 중요하다. 아이들은 허수아비 인형이 아니다. 멸시, 분노, 식어버린 사랑 따위를 예리하게 포착한다. 하지만 은혜, 인내, 사랑에서 비롯된 몸가짐과 마음가짐도 여지없이 짚어 낸다. 아들딸들에게 어떤 메시지를 보내고 있는가? 하나님 말씀을 진지하고 심각하게 받아들인다고 아이들이 인정하는가?

그리스도인에게는 "그냥 배우자를 사랑하지 않을 뿐"이란 말이 통하지 않는다. 그럴 수가 없다. 그리스도를 좇는 순간부터 남편과 아내 사이는 비할 바 없이 영향력이 큰 관계가 된다. 그러기에 그리스도인을 자부하는 아빠 엄마가 서로 사랑하지 않는 걸 지켜본 자녀들 중에는 믿음의 길에서 이탈하는 사례가 허다하다. 예수님을 모르는 부모 얘길 하는 게 아니다. 성령님이 중심에 살아 계시리라고 짐작되는 이들의 이야기다.

물론, 아이들을 유혹하는 다른 요인들이 있고 그리스도를 등지는 다른 이유들이 있다. 하지만 남편이나 아내를 '사랑하는 것 같은 느낌이 들지 않는다'는 이유로 아들딸이 걷는 신앙의 길에 잠재적 걸림돌을 놓는 게 과연 타당한 행동이고 바라는 바인가? 바울은 말한다. "할 수 있는 대로 모든 사람과 더불어 화평하게 지내십시오"(롬 12:18). 결혼생활을 이어가며 성령의 도우심으로 복음을 살아 내기 위해 최선을 다하라. 여기엔 숱한 요소들이 얽혀 있어서 성패를 가른다.

사랑

흔히, '사소한 일에 목숨 걸지 말라'고들 한다. 자녀양육에 특히 잘 들어맞는 말이다. 며칠 전 아들 녀석에 얽힌 자질구레한 걱정거리를 가지고 기도하다가 단도직입적으로 하나님께 간구했다. 아이가 성실한 인간으로 자라는 게 내 가장 큰 소망이다. 아이의 일생에서 성품이 그 무엇보다 돋보이길 바란다. 그래서 잡다한 제목들은 다 미뤄 두고 아들애를 진실한 남자로 성장시켜 주십사 간청했다. 큰 그림에 집중하며 꾸준히 기도하는 자세는 탈선 없이 일정한 궤도를 지키는 데 적잖이 도움이 된다. 아울러 상황이 어렵게 돌아가도 낙심하지 않게 붙들어 준다.

갈수록 하나님을 점점 더 사랑하게 해 달라고 남편과 함께 기도하는 소리를 우리 아이들은 들으며 자란다. 진심으로 고백하거니와, 아들딸을 위해 드리는 기도의 이면에는 이 마음이 깔려 있다. 하나님을 더 사랑하는 건 가장 큰 계명을 완수하는 일이다(막 12:18-30 참조). 이는 자녀들이 지속적으로 성령과 동행하고 거룩한 말씀에 순종하게 하는 데 반드시 필요한 요소이기도 하다. 단지 아이들이 욕을 하거나 야한 동영상을 보지 않고 '신앙적'이 되길 바라는 게 아니다. 온 마음으로 하나님을 사랑하고 주님을 기쁘시게 하는 삶을 살게 되길 소원할 따름이다.

두려움

자식을 키우는 일은 겁나는 일투성이일 수밖에 없다. 얼마 전에 "믿음으로 두려움을 이기라"라는 글귀가 새겨진 판을 집안에 붙였다. 날마다 들여다보고 심중에 새길 수 있어서 얼마나 좋은지 모른다. 두려움보다 훨씬 더 큰 믿음을 갖는 자세가 내게는 절실하게 필요하다. 태어날 때부터 겁이 없고, 용기가 넘치며, 담대하다면 좀 좋겠는가! 하지만 난 그런 과가 아니다. 그러니 날마다 싸움을 벌일 수밖에!

엄마가 되면서 두려움과 맞붙어 씨름할 일이 부쩍 늘었다. 갑자기 안전하고 안락한 삶을 살고자 하는 욕구가 무슨 일이 있어도 그리스도를 따르고자 하는 소망을 집어삼켜 버리곤 한다. 자식을 키우는 그리스도인들은 자식뿐만 아니라 자신이 누구의 소유인지를 명확히 기억하는 게 대단히 중요하다. 우리는 나 자신이 아니라 값을 치르고 사신 분의 것이다(고전 6:19-20 참조). 예수님은 말씀하신다.

누구든지 내게로 오는 사람은, 자기 아버지나 어머니나,
아내나 자식이나, 형제나 자매뿐만 아니라, 심지어 자기
목숨까지도 미워하지 않으면, 내 제자가 될 수 없다. 누구든지
자기 십자가를 지고 나를 따라오지 않으면, 내 제자가 될 수
없다(눅 14:26-27).

아들딸을 향하는 모든 걸 아우르는 커다란 사랑도 예수님
을 바라보는 사랑 앞에서 빛을 잃고 묻혀 버려야 한다.

자식을 갖는 순간 부모의 마음에는 보호막이 생긴다. 온갖
상처와 고통에서 자녀를 지켜 주려는 걷잡을 수 없이 큰 욕구가
자리를 잡는다. 하지만 누구도 아이들을 향한 하나님의 계획을
알 수 없다. 분명한 게 있다면, 경건한 그리스도인으로 성장해
가는 여정에는 온갖 끌탕과 시험, 가슴을 저미는 상처도 포함되
어 있으리라는 점뿐이다(딤후 3:12; 요 16:33 참조). 사사건건 두려워
할 게 아니라 하나님이 역사하신다는 사실을 믿고 의지하기 시
작해야 한다.

딸애가 열다섯 살이 되었을 즈음, 태국의 고아원에서 6주
동안 봉사할 기회가 생겼다. 전에도 온 가족이 함께 섬긴 적이
있었던 곳이라 딸아이는 얼른 가서 그곳 아이들을 만나고 싶어
안달을 했다. 문제는 혼자서 국제선, 그것도 일본을 잠깐 경유하
는 비행기를 타고 가야 한다는 것이었다. 보내야 할 것 같기는

했다. 그래도 선뜻 보내기가 겁나서 그냥 집에 있어 주면 좋겠다 싶었다. 솔직히 말하자면, 하나님이 원하시는 일을 팔 벌려 막고 싶은 마음이 굴뚝같았지만 그럴 수는 없었다.

　　남편과 함께 기도하면서 성령이 아이를 보내길 원하신다는 사실을 확인했다. 어떤 이들은 정신 나간 짓이라고 했다. 어쩌면 지금도 그렇게 생각할지 모른다. 하지만 하나님의 그걸 원하신 다고 믿었으므로 그분을 신뢰할 수밖에 없었다. 지구 반대편에 서 누군가 아이를 맞아서 안전하게 고아원까지 데려다 주리라는 사실을 알고 있었다. 하지만 그에 앞서, 전능하신 분이 매 순간 딸애와 동행하며 어떠한 상황에서도 앞길을 인도해 열어 주시리 라는 게 중요했다. 딸아이에게는 스스로의 신앙을 검증하고 하 나님께 의지하는 법을 체험하는 값진 기회였다.

　　자식을 떠나보내는 건 쉬운 일이 아니다. 딸애가 탄 비행 기가 이륙하는 순간, 눈물이 왈칵 쏟아졌다. 하지만 하나님은 그런 상황에서 소중한 자식을 거룩한 보살핌에 기꺼이 맡기는 것이야말로 주님을 가장, 그리고 깊이 사랑하는 모습임을 일깨 워 주셨다.

순종

　　가장 두려운 일을 꼽으라면, 고문처럼 지독한 고통을 당하 는 걸 들겠다. 하지만 자식들이 그런 괴롭힘을 당하거나 심하게 두들겨 맞는 걸 보게 된다면 그보다 더 끔찍한 경험은 다시없을 것이다. 생각만 해도 몸서리치게 된다. 이런 '극도의' 두려움 앞에 다들 몸이 굳고 판단이 마비된다. 저마다 커다란 두려움에 압도된 채, 상대적으로 '사소한' 공포가 얼마나 순종을 가로막고 있는지 자각하지 못한다. 이처럼 순종이 결핍되면 일상생활 중에 하나님과 동행하는 삶은 무참히 무너지게 마련이다.

궁극적으로 가장 무섭게 앞길을 막지르는 두려움은 제힘으로 상황을 통제할 수 없다는 공포감이다. 누구나 제 뜻대로 일이 돌아가길 바란다. 만사 내 맘처럼 행복하고 편안했으면 좋겠다. 하지만 순종이란 통제권을 넘기는 행위를 가리킨다. 본질적으로 '자기의지'가 빠져 있는 개념이다. 자신, 또는 사랑하는 이들을 놔 주어야 하는 까닭에 순종하길 두려워하고 망설이게 되는 것이다. 좀처럼 통제권을 놓지 못하는 성품이라면 한층 심각하고 진지한 기도가 필요하다.

순간순간 하나님께 복종하길 원치 않는다는 자각은 대단히 충격적일 수 있다. 하지만 그 파괴적인 영향력은 현실을 깨달은 뒤에도 아무런 조처를 하지 않을 때 극대화된다. 스스로 점검해 보라. 삶과 가정, 자녀를 향한 하나님의 뜻에 순종할 뜻과 의지가 있는가? 하나님을 진정으로 신뢰하지 않는다면 그리스도인이라는 허울이 무슨 소용인가? 그리스도를 따르지 않으려면 그리스도의 제자라는 이름을 무엇에 쓰겠는가?

하나님은 범사에 순종하라고 명령하신다. 순종할 수 없다면(또는 하지 않겠다면), 거기서 단 한 발자국도 전진할 수 없다. 하지만 그러길 원한다면(또는 그렇게 한다면) 그보다 더 좋은 출발점은 없다.

예수 따르기 더 고단해지는 세상이 온다

부모로서는 자신들보다 자식들이 더 힘들어질 거란 생각이 유쾌할 리 없다. 하지만 다음 세대는 성경이 가르치는 윤리와 하나님의 주권에 훨씬 적대적인 세상에서 살게 될 공산이 크다. 괴롭힘과 따돌림은 이미 시작됐고 머잖아 물리적인 박해도 일어날지 모른다. 서방세계에서 예수님을 따르기는 한결 고단해질 것이다. 한층 강력한 힘이 필요해질 것이다. 자녀들에게 안락한 환경이나 부, 건강, 또는 효심 따위보다 강인한 저항력을 심어 주는 부모 세대가 절실하다.

야고보서 1장에 따르면 힘은 시련을 통해 길러진다. 실제로 시험을 당하는 경험이야말로 인내를 배우는 길이다. 사악한 소리로 여기는 이들도 있겠지만, 개인적으로는(프랜시스) 정말 아이들이 시련을 잘 견뎌 내도록 기도한다. 시험이 능력을 얻는 통로가 된다면 마땅히 그래야 하지 않겠는가?

편안한 환경에서는 자녀를 강하게 키울 수 없다. 압박을 받자마자 몸을 웅크리는 연약한 이들을 숱하게 보아온 터라 아이들이 강해지길 기대한다. 미래의 형편은 더 험해질 게 뻔하므로 아들딸들이 인내할 줄 알게 되길 바란다. 하지만 아직 내 보호 아래 있으므로 부모로서 시련을 헤치고 나가도록 가르쳐 주어야 한다. 강한 인간으로 세워 가고 싶기 때문이다.

아울러, 아이들의 삶이 하나님과 거룩한 사명을 중심으로 돌아가도록 이끌고 싶다. 자녀양육과 관련된 조언들 가운데 절대다수가 잘 먹이고, 보살피고, 지원하고, 돕는 따위에 초점을 맞추고 있는 게 사실이다. 물론, 그것도 대단히 중요하다. 하지만 우주가 자신을 중심으로 돌며 스스로 제 삶의 주인이라는 의식을 길러 주는 방식이 되어선 안 된다.

참다운 양육이란 아이들에게 현실세계에 뛰어들어 살아가는 법을 가르치는 걸 의미한다. 하나님께서는 "만물이 그에게서 나고, 그로 말미암아 있고, 그를 위하여"(롬 11:36) 있다고 말씀하신다. 하나님은 우주의 중심이시다. 주님은 영광을 선포하기 위해 세상을 지으셨다. 그러므로 아이들의 호감을 사기 위해 우주의 본질을 두고 거짓을 말하지 않을 것이다. 세상의 중심은 하나님이시지 인간이 아니다.

부모 역시 마찬가지다. 아빠 엄마의 양육은 하나님의 은혜에 토대를 두어야 한다. 양육행위 하나하나는 주님과 그분의 영광, 그리고 사명에 집중해야 한다. 교회를 향한 예수님의 부르심은 명확하다. "가서, 모든 민족을 제자로 삼아"(마 28:19). 이것이 양육보다 더 광범위한 개념임은 두말할 필요가 없다.

자녀양육도 제자화의 명령을 넘어설 수 없다. 하나님은 우리에게 아들딸들을 맡기셔서 세상 방방곡곡까지 들어가 제자를 삼는 제자들로 키워 내게 하셨다. 불안감이나 안락한 삶에 대한 갈망, 또는 두려움에 사로잡혀 허투루 지나쳐서는 안 될 엄청난 부르심이다.

부부가 함께하는
예수 제자 훈련

자녀를 둔 부모라면 여기에 담긴 실질적인 요구에 자동적으로 반응할 수밖에 없다. 자녀를 돌보면서 내리는 결정들은 제각기 얼마나 하나님과 그분의 소명을 좇아 아이들을 키우는지를 선명하게 보여 준다. 하지만 여기 적힌 제안들을 깊이 생각하고 활용해서 자녀양육에 접근하는 게 중요하다.

🌾 배우자와 이야기해 보라

: 그동안 줄곧 배우자와의 관계를 평가하는 작업을 해 왔다. 이제 시간을 내서 자녀양육 문제를 두고 배우자와 솔직한 대화를 나누라 (아직 자녀가 없다면, 장차 어떻게 할 것인지 의견을 주고받는 게 적절할 것이다).

: 자녀교육의 가장 큰 목표를 어디에 두고 있는가?

:   아이를 키우는 일과 관련해 자신의 가장 큰 단점은 무어라고 생각
    하는가?

:   아들딸이 스스로를 우주의 중심으로 여기고 있다고 보는가? 어떤
    점에서 그러한가?

:   하나님과 그분의 진리를 더 선명하게 볼 수 있도록 돕기 시작할 수 있
    는 실질적인 방법들이 있는가? 어떤 것들인가?

:   아이들이 하나님과 그분의 뜻을 더 정확하게 그려 내도록 도우려면
    부부 관계를 어떻게 변화시켜 가야 하겠는가?

✸ 아이들과 이야기해 보라

: 자녀들이 이야기를 나누기에 충분한 나이가 되었다면 함께 앉아서
부모 노릇과 관련된 몇 가지 중요한 질문들을 던져 보라. 적절하고
도움이 된다는 판단이 들면 이 물음을 교육의 도구로 사용하라.

: 하나님과 어떤 관계를 가지고 있는지 정직하게 이야기해달라고 부
탁하라. 있는 그대로 대답해도 괜찮다는 점을 충분히 납득시키라.
그렇지 않으면 부모가 듣고 싶어 하는 답을 찾아 내려는 유혹을 받
을 것이다. 아빠 엄마도 그맘때는 신앙적인 갈등이 많았음을 고백
하면 자녀들도 내면에서 벌어지는 씨름과 회의를 털어놓을 엄두를
낼 것이다. 최선을 다해서 정직한 대화의 발판을 놓으라.

: 거룩한 삶을 살며 학교에 영향을 미치려 안간힘을 쓸 때 아빠 엄마
가 어떻게 기도해 주면 좋을지 아이들에게 물어보라. 아들딸이 사
귀는 친구들을 위해 구체적으로 기도하고 하나님이 그 제목에 어
떻게 응답해 주셨는지 주기적으로 점검하라.

: 아이들의 꿈이 무언지 알아내라. 만사가 뜻대로 흘러간다면 10년 뒤에 어떤 삶을 살고 있으리라 생각하는지 물어보라.

: 자녀들이 보이는 반응을 두고 배우자와 의견을 나누라. 아이들이 반응하는 방식으로 미루어 양육방식이라든지 부부 관계에 변화를 주어야 할 부분이 있는가? 어떤 점들인가?

결혼 그 이상의 결혼을 꿈꾸라

〈어메이징 레이스〉(The Amazing Race, 미국 CBS방송이 제작하는 리얼리티 쇼-옮긴이)라는 프로그램이 있다. 출연자들이 둘씩 짝을 지어 주어진 과제와 실마리를 좇아 전 세계를 돌아다니며 경쟁을 펼친다. 곳곳에 설치된 체크포인트에 너무 늦게 도착하는 커플은 탈락의 고배를 마시게 된다. 반면에 일등으로 여정을 끝낸 짝은 상을 받는다.

몇 차례밖에 못봤지만, 서로 격려하고 힘을 모아 난관을 헤쳐 나가며 저마다 잠재력을 끌어내 결승선을 통과하는 모습을 따라가노라니 나도 모르게 푹 빠져들었다(거기에는 배경음악도 단단히 한몫했을 것이다). 뿐만 아니라 팀 동료와 다투다가 소중한 시간을 낭비하고 결국 실격당하는 과정도 흥미로웠다.

얼마 전, 단 둘이서 오붓하게 시간을 보내는데, 아내가 우리 결혼생활을 그 프로그램에 빗댔다. 장편 〈어메이징 레이스〉 같지 않느냐는 것이다. 우리가 자주 다투지 않는 건 너무 바빠서 그럴 틈이 없기 때문이다. 결승점을 향해 달리기에도 시간이 모자란다. 한 구간에서 승리를 거뒀더라도 오래 기쁨을 만끽할 여유가 없다. 그러는 사이에도 시계는 째깍째깍 돌아가고 있지 않은가! 하이파이브 한 번 하고 다음 체크포인트까지 내쳐 달려야 한다. 잠시 멈춰 거친 숨을 고를 수는 있겠지만 곧바로 경기에 복귀해야 한다. 바울도 지상의 삶을 경주와 비교했다(고전 9:24-27 참조).

마라톤 경기에 출전한 선수는 전반부보다 반환점을 돈 뒤에 더 빨리 뛰려 노력해야 한다는 얘길 들은 적이 있다. 결승선이 보이면 대다수 선수들은 급격하게 피치를 올린다. 결승테이프를 끊는 순간 완전히 무너져 내리리라는 걸 잘 알기에 에너지를 아끼지 않고 마지막 한 톨까지 남김없이 쏟아붓는다.

개인적으로는 그런 식으로 인생이란 경주를 이끌어가고 싶다. 전반전보다 후반전에 더 강해지길 원한다. 서구사회의 경우에는 정반대다. 18-25세까지 가파른 상승곡선을 그리다가 결혼과 동시에 서서히 하강국면에 들어선다. 아이가 생기면 예수님을 섬기는 추세가 바닥을 긴다. 머릿속에는 온통 가족뿐이다. 달리기 시합 중이라는 사실조차 잊어버리는 건 시간문제다. 이 땅에 초막을 짓고 안주하기에 급급하다.

하지만 삶이 그렇게 돌아가선 안 된다. 경기가 진행될수록 더 빨리 뛸 수 있다. 삶의 마지막 몇 년 동안은 그야말로 전력질주를 할 수 있다. 주님 품에 안기는 순간, 육신은 완전히 무너져 내릴 게 분명한 까닭이다.

사탄은 마지막까지 틈을 노린다

여호수아와 갈렙은 훌륭한 본보기다. 초년병 시절, 이들은 그저 하나님의 능력에 힘입으면 얼마든지 승리를 거둘 수 있다고 믿는 정탐꾼에 지나지 않았다. 여호수아서 14장(꼼꼼히 읽어 볼 만한 가치가 있는 본문이다)을 보면, 갈렙이 노년에 지난날을 회고하는 장면이 등장한다. 우선, 다들 고개를 절레절레 흔들 때 여호수아와 함께 나가 싸우길 주장했던 사실을 되짚는다. 그로 인해, 하나님은 오로지 여호수아와 갈렙만이 약속의 땅에 들어갈 수 있다고 선언하셨다. 나머지는 다 광야에서 숨을 거두었다. 더없이 감동적인 갈렙의 메시지가 본문의 말미를 장식한다.

이제 보십시오, 주님께서 모세에게 이 일을 말씀하신
때로부터 이스라엘 백성이 광야에서 생활하며 마흔다섯
해를 지내는 동안, 주님께서는 약속하신 대로 나를 살아남게
하셨습니다. 보십시오, 이제 나는 여든다섯 살이 되었습니다.
모세가 나를 정탐꾼으로 보낼 때와 같이, 나는 오늘도 여전히
건강하며, 그때와 마찬가지로 지금도 힘이 넘쳐서, 전쟁하러
나가는 데나 출입하는 데에 아무런 불편이 없습니다. 이제
주님께서 그날 약속하신 이 산간지방을 나에게 주십시오.
그때에 당신이 들은 대로, 과연 거기에는 아낙 사람이 있고,
그 성읍은 크고 견고합니다. 그러나 주님께서 나와 함께
하시기만 한다면, 주님께서 말씀하신 대로, 나는 그들을
쫓아낼 수 있습니다(수 14:10-12).

여든다섯이란 나이에도 불구하고 갈렙은 그 어느 때보다
용감하고 담대하다. 80대는 고사하고 50-60대만 돼도 믿음으로
사는 그리스도인이 가물에 콩 나듯 하는 게 현실이다. 미국의 젊
은이들을 대상으로 메시지를 전하다 보면, 믿음으로 사는 윗세
대 어른들의 '지도편달'을 받을 수 있으면 얼마나 좋겠느냐는 한
탄을 자주 듣는다. 눈을 씻고 찾아봐도 그런 선배들이 보이지 않
는다는 것이다. 유쾌하고 다정한 어른들은 수두룩하지만 믿음으
로 사는 이들은 드물다. 서글프게도 손자 손녀를 찾아가고 휴가

를 즐기는 걸로 삶의 대부분을 소비한다. 인생의 끄트머리가 가장 화려하길 기대하면서 더 많은 재물을 모으느라 분주한 이들도 수두룩하다.

갈렙의 인생과는 완전히 딴판이다. 여든다섯이면 끝이 보이는 나이다. 갈렙은 그 결승선을 향해 전력으로 질주했다. 평생 하나님의 신실하심을 경험한 덕에 삶이 계속될수록 더 용감해졌다. 삶의 마지막 대목에서 이런 명언을 남긴 여호수아도 마찬가지다.

> 나는 이제 온 세상 사람이 가는 길로 갈 때가 되었습니다.
> 당신들은 주 하나님이 약속하신 모든 선한 말씀 가운데서
> 이루어지지 않은 것이 하나도 없음을, 당신들 모두의 마음과
> 모두의 양심 속에 분명히 알고 있습니다. 그 가운데서 한
> 말씀도 어김이 없이 다 이루어졌습니다(수 13:14).

마지막 숨을 거두는 자리에서 남기고 싶은 메시지다. 그렇지 않은가? 사랑하는 이들을 둘러보며 평생 하나님이 얼마나 신실하셨는지 이야기하고 싶지 않은가? 신실하게 약속을 지키시는 성실하신 하나님 곁에 한사코 머물렀던 자신처럼 살라고 권면할 수 있으면 참으로 좋을 것 같지 않은가?

여호수아와 갈렙은 멋지게 시작해서 근사하게 끝냈다. 끝

까지 신실했고 약속된 땅에 들어갔다. 성경은 자세히 설명하지 않지만, 둘 사이의 관계가 어떠했을지 상상해 보라. 둘만이 주님을 믿었고 끝까지 변치 않았다. 하나님의 선하심을 그 둘처럼 확실하게 경험했던 인간은 세상에 다시없을 것이다. 이제 마지막 날을 맞은 두 지도자는 하나님이 얼마나 믿을 만한 분이신지 다음 세대에게 각인시키고 있다.

하나님이 우리 부부에게도 그만큼 긴 삶을 허락하신다면, 그만한 동지애도 주시길 기도한다. 모험으로 가득한 일생을 돌아보면서 다음 세대에게 우리의 본보기를 따르라고 권면할 수 있기를 간구한다.

모두가 경주를 잘 끝내는 건 아니다. 오히려 극소수에게만 가능한 일이다. 최근에 친구 하나가 아내를 등지고 다른 여인에게로 갔다. 당혹스럽게도 그이는 60대 후반이었으며 40년 넘게 목회사역을 해 온 인물이었다. 어떻게 그럴 수가? 결승선이 코앞에 있는데 갑자기 멈춰 서서 엉뚱한 쪽으로 방향을 틀어 달려갈 수도 있다. 사탄은 살아 움직이고 지금도 건재하다. 이런 책략에 놀아나지 마라. 인생의 마지막 대목에서 어리석은 결정을 내리는 노인들을 숱하게 보았다. 삶의 후반부에 이 글을 읽는 독자들에게 부디 지혜롭게 판단하라고 당부하고 싶다. 결승선을 향해 힘차게 달리라. 강인하게 마무리 지으라.

기다릴 가치가 있는 하나님나라

천국을 기다릴 수가 없다. 나로서는 그게 가장 큰 문제다. 더 이상 기다리고 싶지 않은 날들이 있다. 지금 당장 안락하고, 풍요로우며, 상급이 넘치는 삶을 살면 좋겠다는 생각이 간절하다.

우리는 역사상 가장 중요한 세대를 살고 있다. 무슨 일이든 뚝딱 해결하는 데 익숙해져서 단 10-20초도 기다리지 못하고 분통을 터트린다. 정말 큰일이다. 하나님은 잘 기다릴 줄 알라고 명령하셨기 때문이다. 그리스도인은 끈질기게 기다려야 한다. 히브리서에 따르면 예수님은 "자기를 기다리고 있는 사람들에게 나타나셔서 구원하실 것"(9:28)이다. 그럼에도 불구하고 우리는 기다리는 걸 죽기보다 싫어하는 게 사실이다.

이스라엘 백성은 모세가 산에서 내려오길 기다리지 못했다. 기가 막힐 노릇이다. 그새를 참지 못하고 금을 모아 우상을 만들고 섬겼다는 게 우스꽝스럽기까지 하다(출 32장 참조). 어리석은 결정이었고 값비싼 대가를 치러야하는 치명적인 실수였다. 하지만 우리도 똑같은 짓을 하고 있지 않은가! 그리스도가 다시 오시길 기다리지 못해서 재물과 부를 끌어 모아 모조품 천국을 만들려한다. 가족들을 안전한 공동체에 격리시키려 애쓰고 내키는 일이면 무엇이든 다 하려 든다. 지상에 저만의 천국을 세우려는 것이다.

　세상살이가 좀 더 쉬워질 것 같아서 그리스도인이 되는 이들이 허다하다. 예수님은 도리어 그리스도인이 되면 인생이 훨씬 험난해질 것이라고 경고하신다(눅 14:25-35 참조). 바울도 똑같은 얘길 했다. "그리스도 예수 안에서 경건하게 살려고 하는 사람은 모두 박해를 받을 것입니다"(딤후 3:12). 하나님은 주일예배에 꼬박꼬박 나가고 아이들을 착하게 키우는 일보다 한결 큰 걸 요구하신다. 그리스도인은 경주 중이고, 싸움 중이며, 전쟁 중이다. 예수님을 따르기로 작정한 이들은 평생 어렵게 사는 데 동의한 사람들이다. 해법은 시험과 시련을 피하지 말고 견뎌 내는 것이다.

　하지만 고난에는 유익한 면이 있다. "지금 우리가 겪는 일시적인 가벼운 고난은, 비교할 수 없을 정도로 영원하고 크나큰 영광을 우리에게 이루어"(고후 4:17) 준다는 사실을 상기시킨다. 살면서 당하는 어려움은 미래의 상급을 일깨운다. 고통을 겪을 때마다 더 나은 미래를 허락하신 주님을 찬양할 수 있다. 당장은 모든 피조물과 더불어 참아야 한다.

마지막 결승선을 바라보라

여정을 얼마쯤 마친 상태든지, 상상력을 동원해서 삶의 마지막 순간을 그려 보라. 혜안을 가지고 최상의 결정을 내리고 마침내 하나님 앞에 섰다고 생각해 보라. 이상적인 삶은 어떤 모습이겠는가?

우리가 하나님나라를 향한 믿음과 헌신으로 점철된 삶을 살기를 소망한다. 믿음과 용기가 해마다 쑥쑥 자라길 기대한다. 지상에 사는 동안 주님을 위해 고난과 거절을 넉넉히 견뎌 낸다면 얼마나 좋을까! 비겁한 삶을 살다가 하나님 앞에서 서는 일만큼은 어떻게 해서든 피하고 싶다. 전쟁터를 누비다 상처투성이로 돌아온 역전의 용사가 되길 원한다. 예수님처럼 말이다.

하나님의 보좌 앞에 어떻게 나가고 있는지 진지하게 돌아보라. 지금 올바른 궤적을 그리며 돌아가는 삶을 살고 있는가? 아니면 궤도수정이 필요한가? 그동안 얼마나 오랜 시간을 낭비했는지 따위에 짓눌리지 마라. 지난날 저지른 실수에 너무 집착하지 마라. 과감하게 다음 단계로 넘어가라. 흔들림 없이 결승선을 바라보라.

우리 부부에게 이 책을 쓰는 일은 곧 순종의 다음 단계를 의미했다. 우리는 삶을 바라보는 시각을 다소 수정하고 싶다. 최대한 많은 이와 이 메시지를 나눌 수 있으면 좋겠다. 책을 읽고 누군가에게 소개하고픈 이들에게 무료로 내용을 공개(영문)하는 까닭이 여기에 있다. 이 책의 내용이 꼭 필요한 이가 있으면 www.youandmeforevere.org에서 다운로드 하면 된다고 알려 주라.

하나님이 이제 무얼 어떻게 하길 원하시는지 이야기해 줄 능력은 내게 없다. 부부가 함께 시간을 내서 오래 기도하는 편이 지혜로울 것이다. 어디로 데려가시든 앞길을 인도해 주시길 간구하라. 여전히 발목이 묶여 있다면 지금이라도 첫발을 떼라.

사도행전 1장 8절에서, 예수님은 제자들에게 성령이 내리시면 "능력을 받고, 예루살렘과 온 유대와 사마리아에서, 그리고 마침내 땅끝에까지 이르러 내 증인이 될 것"이라고 말씀하셨다. 물론, 하나님은 그 자리에 있었던 초기 제자들을 통해 독특한 일을 행하고 계셨다. 하지만 주님의 뜻은 가까운 곳(예루살렘)에서 시작된 역사가 멀리멀리 퍼져 가는 데 있었다. 첫걸음을 내딛기가 쉽지 않겠지만, 동네를 두루 돌아다녀 보라. 한 집 한 집 지나칠 때마다 기도하라. 믿음으로 드린 기도가 불러온 결과에 놀라고 감격하는 날이 반드시 올 것이다. 복음을 전할 기회를 주시길 기도하고 허락해 주시는 기회를 놓치지 마라.

시간은 쏜살같이 날아간다. 한 해 한 해 그 속도는 더 빨라지는 법이다. 그러므로 질질 끌지 마라. 나이가 시속이라고 생각해 보라. 일곱 살의 시간은 시속 7킬로미터로 달려간다. 아무리 달려가도 여덟 살이 될 것 같지 않을 수도 있다. 20-30대가 되면

한 해가 더 빨리 흘러가기 시작한다. 60-70대에 이르면 도저히 따라잡을 수 없겠다 싶을 지경이 된다. 그 뒤로는 추월차선에 들어선 느낌이 들 것이다.

이제 책을 내려놓고 질주를 시작하라. 폭탄 돌리기 게임을 하듯, 가진 것들을 최대한 신속하게 정리해야 한다. 힘닿는 데까지 싹싹 긁어서 하나님나라에 투자하라. 삶은 언제라도 멈출 수 있다. 그때는 끝까지 가져갈 수도 없는 걸 괜히 붙들고 있었다 싶을지 모른다.

결 혼 생 활 을 위 한 기 도

흔히 책을 마무리 지을 때는 가장 중요한 핵심을 강하게 짚어서 독자들의 마음에 오랜 여운을 남긴다. 우린 가장 강력한 마무리는 역시 기도라고 봤다. 그래서 여기에 결혼생활을 위한 기도를 싣는다. 함께 기도하면 좋겠다.

하나님, 더없이 사랑하고 또 깊이 경외합니다.

주님을 염두에 두고 서로 사랑하는 법을 가르쳐 주십시오.

우리가 서로를 대하는 모습 가운데

그리스도가 모범을 보이신 겸손이 드러나게 해 주십시오.

우리에게 주신 사명을 잊지 않으면서도

서로를 누리는 길을 보여 주십시오.

삶의 덧없음을 일깨우셔서

복음을 나누는 게 얼마나 시급한지 기억하게 해 주십시오.

하나님나라를 잊지 않게 하셔서

세상의 거절과 시련을 즐거이 감당하게 해 주십시오.

너무 오래 멈춰 서 있다 싶으면,

옆구리를 쿡 찔러 다시 달리게 해 주십시오.

싸울 일이 있으면,

함께 싸우는 법, 주님을 위해 싸우는 법을 일러 주십시오.

달아나고 싶은 생각이 들 때마다

회개하고 새로워지게 이끌어 주십시오.

하나님의 영광, 하나님의 사랑,

하나님의 능력, 하나님의 사명,

장차 이루어질 일에 대한 하나님의 약속을 기억하는

결혼생활을 꾸려 가게 해 주십시오.

예수님의 이름으로 기도합니다.

아멘.

감사의 말

이 작업은 어느 한 사람의 수고가 아닌 팀이 있었기에 가능
한 일이었습니다. 말 그대로 수천 시간이 소요된 이 작업에는 영
화제작자, 편집자, 제작진들, 배우, 웹 개발자, 앱 개발자, 마케
터, 디자이너, 음악가 등 다양한 분야의 많은 인재가 참여했습니
다. 특별히 자신의 시간과 능력을 기꺼이 내놓을 만큼 이 책의
메시지를 굳게 믿어 준 이들에게 고맙습니다. 그야말로 어마어
마한 재능을 가진 팀과 함께한 신나는 작업이었습니다!

케빈 킴, 처음부터 끝까지 전체 작업을 조율해 주어 고맙
습니다. 당신의 리더십이 없었다면 이 일을 해낼 수 없었을 겁니

다. 완전 소중한 당신!

리즈 쉐든, 정말 빼어난 재주를 가진 그대. 업무 지원, 회계, 아기돌보미……. 100가지 일을 척척 해낸 당신은 가족이나 다름없어요. 사랑합니다!

줄리 초, 이 책이 출판되기까지 세세한 부분을 신경 써 줘서 감사합니다. 당신은 정말 끝내주는 사람이에요. 나의 엄청난 오타 때문에 엄청 고생했다고 들었습니다.

숀 고든, 토니 마테로, 네이트 한슨, 알레한드로 코르테스, 마르쿠스 베일리, 빌리 웍, 케빈 쉐든, 아투 사크라니, 마르쿠스 형, 훌륭한 목회자로서 사람들을 사랑하고 사역을 분담해 줘서 감사합니다.

프로젝트 베이뷰의 모든 남성 여러분, 사랑합니다. 하나님은 당신들의 삶을 도저히 믿을 수 없을 만큼 획기적으로 바꾸셨습니다.

제시카 헨리, 헤아릴 수 없는 수고와 격려에 고맙습니다. 세계 곳곳의 소녀들을 구하기 위해 뛰었던 모든 사역에 감사드립니다.

댄 페티, 하루걸러 한 번씩 내놓은 우리의 허접한 의견까지 고려하며 표지 디자인을 잘해 줘서 고맙습니다.

매튜 리드나우어와 마케팅팀에 감사드립니다.

크리스 치우, 크리스 리, 자흐 존스톤, 유엘 테세마, 나티 테

세마, 조쉬 프리차드, 이툭 용, 깜짝 놀랄 만한 앱과 전자책을 만드는 데 큰 도움을 준 케빈 모레이와 기술팀 식구들에게, 더 멋진 결혼을 바라보도록 영감 있는 단편 영화를 제작해 메시지 확산에 기여한 최고의 영화제작자들에게, 이 책이 최대한 더 많이 보급되어 이 책의 메시지가 널리 퍼지도록 지지해 준 모든 이에게, 무한한 감사를 드립니다.